Minutos de Evolução   Liliane Mattoso

Dados Internacionais de Catalogação na Publicação (CIP)
(Câmara Brasileira do Livro, SP, Brasil)

Mattoso, Liliane
    Minutos de espiritualidade : evolua : transforme : realize / Liliane Mattoso. -- 1. ed. -- Jacarezinho, PR : Ed. da Autora, 2021.

    ISBN 978-65-00-18346-7

    1. Consciência 2. Espiritualidade 3. Evolução 4. Mensagens 5. Metafísica 6. Reflexões I. Título.

21-58255   CDD-133

Índices para catálogo sistemático:

1. Consciência : Evolução espiritual :
        Espiritualidade   133

Maria Alice Ferreira - Bibliotecária - CRB-8/7964

Minutos de Evolução   Liliane Mattoso

Minutos de Evolução

Evolua. Transforme. Realize.

Liliane Mattoso

Que minha Alma toque a sua Alma.

Que meu Eu Superior traga o caminho de encontro

com Seu Eu Superior.

E que juntos possamos criar um mundo melhor.

Prefácio:

Desde o momento em que aceitei que meu caminho nesta vida era trabalhar e estudar a espiritualidade, minha alma me traz mensagens em forma de palavras. Recebo estes textos nos mais diversos momentos e, em determinado tempo, resolvi escrevê-los e compartilhá-los. Na época em que não havia redes sociais, eu usava meu site para disponibilizar estas palavras de inspiração. Recebi tantos comentários positivos que quando resolvi me abrir para a vida globalizada das novas redes, tomei a coragem de colocá-los em minha página.

Hoje percebo que estes momentos de inspiração são, na verdade, resultado da minha conexão com Meu Divino. E como sou espiritualista desde criança, aprendi a ficar conectada com esta Divina Parte de formas e maneiras mais variadas, o que permite sua manifestação no tempo todo.

Mas o que é a conexão com nosso Eu superior senão a melhor maneira de trazer ao mundo algo que pode transformar minha vida e de outros? É fundamental utilizar esta conexão para melhorar a coletividade de qualquer forma possível.

Desta percepção entendi que aflorar a espiritualidade, a aceitação de si mesmo e a transformação rumo ao Divino é a maneira como posso trabalhar em prol do Todo. Esta é a base de todos os meus trabalhos nesta vida. Criar maneiras de conectar aqueles que buscam a Verdade as suas Centelhas Divinas.

É bem verdade que existem inúmeras formas de instigar este caminho. E acredito que trazer um minuto de introspecção e perguntas internas pode fazer com que você permaneça em um estado de Conexão. Entrar em contato com Nosso Eu interior, naturalmente nos leva a conexão com Nosso Eu Superior. Este é o caminho mais fácil.

Este livro traz diversos textos, hora curtos, hora mais compridos, todos baseados em motivação, questionamento e percepções que podem naturalmente despertar a Consciência. Se você criar o hábito de ler um destes textos todos os dias, naturalmente criará uma conexão direta consigo mesmo. É o mesmo caminho que percorri.

E apoiada nas respostas que recebo quando posto algum texto nas redes, sei que este livro trará a mensagem que você precisa ouvir nos momentos de tristeza, dúvidas ou aflição.

Acredito que este copilado de novas mensagens canalizadas traz os caminhos básicos para a espiritualidade diária. Pense sobre o que leu e sinta seu coração. O caminho do Desenvolvimento Pessoal está na união da mente e do espirito. Aprenda a ouvir sua Alma e transforme a sua vida.

Lembre-se de que você pode usar estas mensagens das mais variadas formas. Deixe que seu coração lhe mostre o quanto precisa de novos conhecimentos e quais são as palavras que farão diferença no seu dia hoje.

Não tenha medo de abri-lo de forma alheatória. Nada acontece por acaso. Tenha certeza de que aquelas palavras são pra você.

Se você se conectou a este livro significa que sua Consciência está em evolução. A cada novo dia você se torna uma pessoa diferente.

Desta forma, a cada nova leitura, o significado do texto fará novo sentido. Quanto maior seu desenvolvimento, mais profundamente sua Alma será tocada. Tudo terá novo teor. E você se tornará cada dia mais sábio.

Experimente. Divirta-se e Evolua.

Estes são meus desejos mais profundos.

Gratidão.

Liliane Mattoso.

01

Mais vale um minuto sorrindo do que um dia de tensão.

A vida é feita de pequenos momentos. São as emoções que sentimos que marcam a nossa memória. Quando mantemos o foco apenas nos pontos e experiências negativas, naturalmente vibramos nesta energia. A energia que vibramos acaba atraindo situações com a mesma frequência.

Reclamar das eventualidades só trará mais dissabor. Criar este fluxo contínuo de sofrimento não pode ser o que você realmente quer para sua vida.

Mude seus hábitos e aprenda a ver a beleza em pequenas coisas da vida. Um instante de alegria pode mudar todo o caminhar de seu dia.

Busque a felicidade em sua memória. Lembre-se de algo que faz a sua Alma sorrir. Se fizer tempo que não se sente feliz, encontre este sentimento em sua mente e deixe que aflore em toda a sua energia.

Lembre-se de deixar a alegria fluir sem motivo algum. Deixe que ela habite o seu Ser. Escolha ser Feliz.

02

Às vezes, escolher viver o momento e se permitir aproveitar o que a vida lhe traz no agora é a melhor forma de encontrar o equilíbrio necessário para desenvolver novos movimentos e projetos.

A vivência do momento presente pode fazer você perceber o quanto já cresceu e prosperou. Quando não criamos o habito de parar e aproveitar a beleza da Vida Presente, torna-se fácil desistir ou se sentir longe da realização. Precisamos aproveitar o Caminho que estamos seguindo, pois, em muitos momentos, vivemos pontos tão verticais de crescimento, que podemos nos sentir totalmente conectados com a Realização de nossos desejos e caminhos.

Viver o Momento Presente significa viver sua Melhor Faceta. Seu Eu Atual e Total.

Viva o Agora pelo menos por hoje. Amanhã você voltará ainda mais forte para conquistar Seu Universo Interno e Externo.

03

Quando Você não quer mais viver uma situação, tudo começa a incomodar.

Tendemos a criar diversos problemas e infortúnios apenas para justificar a sua vontade de Mudança.

Que tal aceitar que Você não tem mais ressonância com uma escolha passada e Agir em direção ao Novo.

Não deixe o apego bloquear o seu Caminho. Não permita que o medo paralise seu desenvolvimento.

Pode parecer difícil aceitar a vontade de transformar a vida. Acredite, mesmo que tudo fique de cabeça para baixo, sua Alma colocará a vida nos eixos e naturalmente fluirá na prosperidade e realização.

Tudo que é feito pela Alma traz a Abundância em si mesmo.

Sua Alma voltará a sorrir e tudo se abrirá como mágica.

04

Às vezes esperar é mais difícil do que se decidir.

A ansiedade e impaciência são aspectos do nosso inconsciente formatados para nos levar ao Movimento.

Quando não Agimos de acordo com nossas vontades, precisamos destes estopins para nós levar à ação e movimento.

Se você tem consciência das suas Reais vontades, consegue aproveitar o próprio fluxo da vida para se mover em direção aos novos caminhos.

Viver em comunhão com nosso Eu Interior e aceitar nosso Ser da forma que realmente É, nos liberta das emoções inconstantes e dos direcionadores inconsciente que desequilibram nossa energia.

Aceite-se profundamente. Nenhum ponto é um problema ou defeito. Todos são apenas aspectos da Sua Personalidade. Se algo costuma trazer problemas, você pode simplesmente aceitar e então assumir o controle da forma como ele se manifesta.

A verdadeira Consciência está em se conectar a Si mesmo; Se observar; Respeitar-se e então assumir o controle.

Não existem ferramentas externas mais potentes do que sua Força Interior. E a conexão com este potencial acontece através da aceitação de todas as facetas de nosso Ser.

Temos pontos positivos e pontos que nos afligem. Devemos conhecê-los todos para podermos transformar toda nossa energia em potenciais Divinos.

Acertar nossa relação com aquilo que não está resolvido internamente é a chave para o Desenvolvimento pessoal. Não fuja daquilo que traz ou se conecta ao sofrimento. Enfrente a memória ou situação e resolva o que for necessário.

Este movimento trará tantos ganhos em sua vida que você vai desejar resolver tudo que ficou para traz.

A única chave é o primeiro movimento em direção ao Seu Eu Interior.

05

Pense bem sobre sua vida.

Você está feliz neste momento?

E por que você se sente mal ou triste?

Será que você está vivendo por obrigação? Suas escolhas são mesmo suas, ou você está seguindo o que falaram que era certo?

Já pensou se os seus valores são mesmo seus ou se foram embutidos em você pelos seus pais?

É enorme o número de pessoas que vivem vidas que não são para elas. Seguem caminhos que foram determinados através de bases de valores que servem para a sociedade, ou seja, que disseram que eram importantes. Mas a verdade é que nem todos se sentem felizes vivendo as regras do coletivo. Nossa Alma sempre tem algo de especial para trazer ao mundo e quando não encontramos este sentido, vivemos infelizes e sem vontade.

Se você tem perdido a vontade de levantar e fazer o que tem como rotina, talvez seja o momento certo para você fazer estas perguntas. Todos temos um chamado de Alma que não pode ser esquecido. De tempos em tempos, sentimos um vazio interno para podermos justamente perceber que não estamos no caminho certo ou que ainda falta alguma coisa em nossa realização.

Entenda que realização não é só material. E pessoal. Traz um preenchimento que ilumina os pontos mais profundos de nosso Ser.

Se você está sentindo este vazio, vale se aprofundar nele. Esta emoção pode leva-lo ao mais profundo autoconhecimento através das percepções de suas frustrações e desejos mais estranhos.

Cada um tem um sistema de chamado. Pode ser que dentro deste vazio você encontre uma luz. A sua Luz interior.

E em contato com esta Luz, você naturalmente perceberá o que deve abandonar e o qual caminho deve seguir. Só você pode responder o que realmente vai lhe trazer Felicidade.

Mergulhe e se entregue. Faça este caminho pelo menos uma vez a cada momento de tristeza.

Em pouco tempo você descobrirá suas verdades mais profundas e encontrará a sua melhor faceta. Seu Eu Interior.

06

A Inteligência Espiritual pode e deve ser usada por todos nós. Viver neste estado significa olhar para a vida de uma forma ampla, respeitando as verdades da Alma.

Quando aprendemos a observar como afetamos aos outros, naturalmente desenvolvemos um sistema de pensamentos antes de nossas ações. É o começo do respeito e compaixão.

No momento em que entendemos o quanto nos influenciamos pelo externo, criamos uma desconexão imediata que nos leva naturalmente ao Centro de Nosso Ser.

Estes comportamentos acabam desenvolvendo nossa Consciência. Tornamo-nos despertos e conscientes. Nada que aconteça terá o mesmo significado de antes. Aprendemos a não permitir que as emoções externas nos gerem conflitos internos.

É o ponto de equilíbrio emocional.

E desta desconexão surge a profunda conexão com o Divino. Entramos em contato com nossa Divindade e com a Divindade Superior.

E essa sua Parte Suprema, naturalmente se conecta ao Superior de cada um em sua vida.

Esta é a verdadeira Unidade. A união no Todo.

07

Não tenha medo de não conseguir chegar a um objetivo. Não tema por sua sobrevivência básica.

Quando aprendemos a nos conectar com nosso Eu Interior, naturalmente criamos caminhos que nos levarão a Realização e Prosperidade.

As respostas não estão em sua mente ou no exterior. Estão dentro de você.

Aprenda a se voltar para o interno nos momentos de dúvidas, desespero e incerteza. Somente quando encontrar a Paz dentro de você é que a Vida pode trazer a Inovação da Consciência e mudar aquilo que lhe aflige.

É natural para nossa Consciência ativar a criatividade para trazer o que precisamos.

Esta Criatividade Divina só consegue trabalhar quando nosso coração está silencioso.

O desequilíbrio não é sua natureza. A Paz é.

Então se permita entrar em um estado de tranquilidade mesmo que por um minuto.

Esta é a porta para que seu Eu resolva seus problemas da melhor forma e crie os caminhos mais curtos para a sua Realização. Acredite. Este é o caminho mais fácil.

08

Por que é tão difícil se perdoar?

Ouvimos que devemos nos perdoar pelas escolhas feitas, mas muitas vezes parece impossível aceitar o que fizemos no passado.

O que não lhe permite se perdoar é a culpa que você carrega. Quando temos culpa, não conseguimos aceitar que tudo está bem.

A culpa é um veneno que influencia seus pensamentos, suas relações e suas ações. Não importa o que você faça, o mecanismo da culpa leva você a sentir cada vez mais este peso e, aos poucos, você vai perdendo o prazer na vida. Sua mente cria este sentimento depois de quase todos os eventos e acontecimentos.

Criamos uma espécie de vergonha interior e não assumimos nossos verdadeiros sentimentos. Também nos sentimos mal com nossas ações. Principalmente aquelas que trazem algum tipo de felicidade ou ganho pessoal.

Só existe uma forma de acabar com este ciclo negativo: aceite a culpa que você carrega. Somente aceitando é que você poderá trabalhá-la. Este sentimento costuma permear todo nosso interior e acabamos criando uma visão negativa sobre nós.

Você se torna um não merecedor.

Chega de se sentir mal consigo mesmo. Aceite toda a culpa que você sente e expresse o verdadeiro motivo dela existir.

Seja sincero consigo mesmo e olhe de frente aquilo que lhe causa a dor. Somente com a aceitação você poderá se libertar.

Agora observe de fora a situação. Busque compreender o que aconteceu e porque viveu aquela experiência. Tente entender o significado profundo da situação.

Todas as nossas vivências acontecem par nos trazer algum aprendizado ou crescimento. Se você conseguir entender a lição por traz deste evento naturalmente se libertará das emoções que guarda.

Assim que entender, sinta Gratidão pelo aprendizado. Não brigue consigo mesmo ou com o universo. Apenas aceite o aprendizado, agradeça pela compreensão e diga para si mesmo que não precisa mais sofrer.

Agora diga para si mesmo que não precisa aprender pela dor. De agora em diante você está preparado para aprender apenas através do Amor e da Felicidade.

Esta é a verdadeira transformação.

09

Há momentos em que vivemos tantas experiências complicadas ao mesmo tempo que acabamos entrando em desespero. Você se sente em meio a um furacão emocional e não sabe como sair dele.

Você sabe por que isto acontece?

Essa sensação só aparece quando passamos por situações e não resolvemos internamente. Criamos um acumulo de sentimentos desequilibrados que permeiam nossa mente e nosso coração. Você não consegue dormir direito e não presta atenção a mais nada. Tudo parece irritá-lo e acrescentar emoções negativas e irritação.

Você não vai melhorar enquanto não parar e fechar os olhos. Precisa respirar profundamente e buscar o seu centro. É a hora de liberar o enorme montante de emoções explosivas, pois a explosão será inevitável.

Mesmo que não seja acostumado, precisa fechar as portas do mundo externo e entrar em contato com seu mundo interior. Aceite fechar os olhos e olhar para seu coração.

Imagine um sol dourado no seu coração e busque o centro deste sol. Visualize uma chama dourada que lhe conecte ao seu Eu Interior.

Observe esta chama até que ela se expanda e comece a iluminar todo o seu Ser. Deixe-se tornar apenas Luz. Fique nesta sensação o tempo que quiser.

Agora que você cortou o fluxo de pensamentos e emoções, poderá voltar a olhar para o mundo externo com outros olhos. Os olhos do Eu Verdadeiro.

Seu próximo passo é aceitar que deve se acalmar e não se permitir viver tantas situações sem acertos internos.

Escolha o que aconteceu que mais lhe desequilibrou. Entre em contato com o evento que causa um nó no estomago ou no coração. Olhe para si mesmo vivendo novamente o momento.

Lembre-se de que você não é mais o mesmo. Agora você é Luz e pode observar a situação com tranquilidade e imparcialidade. Apenas observe.

Desta vez, expresse o que deixou guardado, fale o que não disse, exponha sua opinião e sentimentos. Finalize o ocorrido.

Depois de se libertar deste acumulo emocional e mental, volte novamente a sensação de ser um Sol Dourado. Volte ao seu centro.

Você encontrará um local de tranquilidade e sabedoria. Aproveite esta sensação e aprenda a fazer esta limpeza ao final de todas as situações que não acontecem como você esperava. Finalize tudo.

Nunca é tarde para Evoluir.

Não existe hora ou idade para se tornar uma pessoa melhor.

Em cada momento que mudamos a forma como entendemos o mundo interno e externo, criamos mais probabilidade de impulsionar as outras pessoas a se modificar também.

O Despertar da Consciência é pessoal, mas sua energia se expande para todo o mundo.

Cada modificação em você vai vibrar como ondas afetando as pessoas de formas diferentes.

As primeiras mudanças aparecerão nas pessoas próximas.

Você muda seu interior e altera seu comportamento. Consequentemente, a resposta dos outros acaba sendo diferente. Criamos ciclos de mudanças.

É possível que não veja a mudança nos outros em um primeiro momento. Mas elas acontecerão.

Da mesma forma que a importância que você dá as respostas externas também mudará.

Quebramos os ciclos repetitivos e criamos novos tipos de respostas.

É a mudança de Realidade. Saímos de uma vida conturbada para uma probabilidade de evolução. E isto só acontece por que você se permitiu Evoluir.

No tempo da Alma, qualquer segundo é importante. Uma mudança de valor mudará a Realidade Eterna.

11

A cura do corpo físico começa na mudança de Consciência.

Tudo que acontece no mundo material é a somatória dos fluxos e cargas mentais, emocionais e espirituais.

Se você busca a cura ou a resolução de algo material, o único caminho é a mudança da sua percepção e da sua relação com o que está acontecendo.

Apenas não pensar sobre o assunto não é uma mudança real.

Você precisa olhar de uma forma diferente e deixar de se perder nas emoções que esta situação lhe causa.

Se sente desespero, é hora de aceitar que tudo tem seu tempo. Se acredita que não tem solução, é hora de aceitar que nada é imutável.

Tudo pode ser mudado se você acreditar e modificar sua relação com o que acontece.

Pergunte-se por que não acredita na mudança. Será que você não se sente merecedor? E o que está ganhando com esta situação negativa?

Nossa Alma permite que aconteçam coisas negativas apenas se estivermos aprendendo uma lição.

Você já observou qual é o aprendizado desta situação?

E seja sincero, o que você ganha se mantendo desta forma? A piedade dos outros? A auto piedade?

Aceitar que o motivo de uma doença ou situação negativa é a busca inconsciente da atenção dos outros ou de si mesmo é aceitar o motivo profundo por traz da autodestruição.

Agora pergunte-se: vale a pena? Ou já é hora de fazer as pazes consigo mesmo e aceitar que a cura ou mudança não vai fazê-lo perder a atenção ou amor dos outros?

A chave para ser querido e valorizado pelas pessoas é o Amor Próprio e a auto aceitação. Estes dois sentimentos podem curar todas as suas relações. Inclusive consigo mesmo.

Você só pode se amar se aceitar que não há defeitos. Somente qualidades mal direcionadas. Tudo que você possui é potencial.

Se aprender a valorizar o que tem internamente, poderá transformar qualquer coisa em ação e realização.

Faça uma autoanalise positiva.

Observe todos seus pensamentos e emoções e encontre algo de bom. Seja no que você aprendeu ou no que se transformou depois da situação causadora.

Tudo tem um lado bom.

Basta você olhar mais profundamente.

A valorização positiva ou negativa, quem dá é você.

Mude o polo.

12

Nem tudo é como parece. A Realidade pode ser mais profunda e bela do que você consegue enxergar agora.

Em todo desafio existe uma lição. Em todo problema há a solução. Toda dor precede o sofrimento.

Basta você olhar mais profundamente que poderá ver mais além. O momento seguinte.

Qualquer vivência acontece no agora. Boa ou ruim, em apenas um estante, tudo vai mudar.

Quando estamos vivendo o belo, tentamos nos manter no presente para sempre. E, nos momentos em que vivemos a dor, esquecemos que nada é eterno, tudo é passageiro.

Respire fundo e deixe as emoções aflorarem de verdade. Quando as sentimos por inteiro, naturalmente elas chegam ao fim. A experiência pode chegar ao final, basta soltar-se no fluxo da vida e deixar que tudo flua, se mova.

No próximo momento, a emoção que surgirá é oposta ao que sentia. É a natureza. O equilíbrio pela experiência dos extremos.

Então viva profundamente o presente e deixe que a Vida aja naturalmente na mudança.

13

Luz e sombra. Escuro e claro. Amor e ódio. Tudo faz parte do mesmo processo.

São apenas os polos do aprendizado.

Nada é completo se não há o conhecimento de todas as facetas.

Precisamos viver o negativo para dar valor ao positivo.

E quando você se acostumar com o Bom, diga ao seu Eu Interior que não precisa mais da Dor como forma de aprendizado.

Agora é a hora do Amor, do Belo e da Felicidade.

Aprenda a valorizar as coisas boas da vida e olhar para si mesmo nos momentos em que estiver se sentindo melhor.

Mostre para o Universo que você busca o movimento e a mudança nas boas situações.

Mude o seu padrão de autoconhecimento e então transforme a forma de aprender as lições da vida.

14

Faça do dia de hoje o começo de uma nova fase em sua vida.

Escolha uma situação que lhe incomoda e defina um movimento imediato para poder resolver ou acertar o que é necessário.

Use sua energia para acertar apenas esta situação. Mergulhe no seu interior e procure os motivos para passar por esta situação.

Agora respire profundamente e se conecte com seu coração. Ele é o espelho da alma.

Deixe que seu Eu Interior lhe diga qual é o caminho para a resolução.

Aceite o que deve ser feito e Faça.

Tenha uma atitude ativa. Mexa-se.

Quando focamos toda nossa energia em apenas um objetivo, torna-se totalmente provável atingir os objetivos.

Você verá que o movimento causará felicidade e a sensação de bem-estar por aceitar o que lhe incomoda e dar todos os movimentos necessários para resolver o problema.

Você sentirá seu Poder.

15

Proponha-se a ser Feliz no dia de hoje.

Não importa o que está acontecendo. Nem o que sente em seu interior.

Hoje é o dia em que você só se permitirá Ser Feliz.

Responda positivamente a todos os eventos do dia. Mesmo se acontecerem situações que normalmente lhe deixam com raiva, no dia de hoje, você não vai se importar.

Mude o seu padrão de resposta. Mostre ao seu Eu Interior, que você consegue ficar bem mesmo que aconteçam situações negativas. Você não se deixa influenciar.

Esta mudança mostrará para Você que o aprendizado pela dor pode ser transformado em aprendizado pelo Amor.

Se você mantiver esta atitude por pelo menos 21 dias, automaticamente mudará o padrão mental e inconsciente.

É a tomada do controle sobre a Vida.

16

Faça as pazes com sua imagem. Aceite profundamente seu corpo físico. Ele é seu mecanismo de manifestação na Realidade da Vida.

Cada marca de expressão mostra uma experiência que molda o Ser. Sua história é especial e única. Somente Você contém toda Sabedoria das vivências.

Há momentos de todas as formas e cores e suas interpretações são estampadas em nosso rosto e nossa Alma.

Se não deseja ter marcas do tempo em seu corpo físico, basta aprender a Não valorizar tudo que acontece. Bom, Ruim, Mal ou Bem, são apenas valores da Mente e do Ego. Estes valores causam retração de nossa energia e, a longo prazo, esta energia mal qualificada se manifesta em nossa pele. Nossa manifestação primordial.

Quando aceitamos profundamente o que acontece em nossa vida, deixamos a Alma viver todo os aprendizados sem retração.

E a Alma não dá valores. Apenas Vive. Observa. Absorve. Responde e Deixa Ir.

Nada é retido. Apenas vivido momentaneamente e solto ao Universo.

A experiência tem começo, meio e fim. Tudo é resolvido.

Desta forma, não ficam marcas em nenhum dos corpos físico, mental, emocional ou espiritual.

Apenas resta a Sabedoria e Aprendizado do corpo consciencial.

A Consciência.

Você torna-se inteiro com o novo conhecimento.

E isto é Sabedoria.

17

Não importa onde você está.

Basta Estar bem com Você Mesmo.

Nenhuma energia externa pode lhe fazer mal se você não se identificar com ela.

Se abstenha da valorização interna.

Aprenda a não dar valores ao que acontece.

Apenas observe.

Se algo externo lhe incomoda, basta se voltar para seu Eu Interior e encontrar um lugar tranquilo, Pleno de Você.

A Felicidade e o Bem-estar são intrínsecos do Ser.

Apenas se conecte.

Existe um lugar perfeito e totalmente equilibrado dentro de todos nós.

Se você não conhece sua paisagem interior, está na hora de se conectar.

Apenas volte a sua atenção para dentro do seu Ser. Imagine um espaço de Paz e quietude.

Se volte para a sua energia e coordene-a para que entre em um estado de Tranquilidade.

Saia da conexão externa e se volte a conexão interior. Lembre-se de que nada pode lhe afetar se você não permitir a entrada da energia em seu Ser.

Seja Forte, Conciso e Completo.

Nada penetra o Seu Eu.

18

Quando você tem compromissos, mas sente preguiça de cumpri-los, pode ser que sua Alma não esteja satisfeita com o que faz.

Será que seu coração está em outro caminho? E sua vontade é de realizar algo muito diferente?

Somos ensinados a seguir determinados caminhos por serem vistos como mais prováveis de se obter sucesso. Mas as pessoas que viveram tais exemplos sentiam o mesmo que você? Será que os dons eram exatamente iguais aos seus?

Os padrões antigos não servem para os dias de hoje. Não somos mais os mesmos. Assumimos nossas diferenças e sentimos o grito da Alma tentando nos levar a realizar aquilo que realmente viemos fazer no mundo.

Cada Alma tem seu caminho especial baseado em suas qualidades intrínsecas. E torna-se difícil compreendê-las quando somos bombardeados com informações antigas e baseadas na igualdade.

Somos diferentes pela natureza. Cada um tem sua bagagem de experiências de vidas, e traz uma única Consciência.

Desta forma, precisamos encontrar nosso caminho. O caminho que aflora todas nossas qualidades e traz algo de novo e belo a este mundo. Não nascemos para sermos iguais. Nascemos para modificar o velho mundo.

Quando seguimos os caminhos da Alma, é normal não termos estrutura ou resultados financeiros. Ela não se preocupa com dinheiro e sim com auto realização.

Mas se você persistir, naturalmente terá prosperidade. Ela é intrínseca a Alma. Vai acontecer no momento em que se entregar totalmente a este caminho.

Entregar a mente, as emoções e seu coração.

Não devemos seguir pela mente e sim pelo Amor ao que fazemos.

Com Amor vem a Confiança. E esta traz a tranquilidade do Espirito e ele permite a manifestação de Todo nosso Eu Superior.

Vivendo no caminho da Sua Verdade, seu Eu Superior trará todas as bênçãos possíveis.

Além de se sentir plenamente Realizado, você terá a Prosperidade em sua vida. Simplesmente acontecerá.

Confie.

19

Todas as experiências da vida são baseadas no nível da Consciência de cada um.

Se você está vivendo algo neste momento, é por que sua energia está direcionada para este local, este evento, esta emoção.

Ao sentirmos medo de viver algo negativo, automaticamente direcionamo-nos para experiências que terão um resultado ruim. É o foco no sentimento negativo que direciona a sua energia.

Então pense sobre o que acontece neste momento. Como está a sua vida?

Acredite, tudo é baseado em Você. É a sua Ressonância.

Se está insatisfeito agora, só há uma solução: Mude. Transforme-se. Transcenda as emoções negativas.

Vivendo sentimentos positivos baseados na confiança e no conhecimento de Si Mesmo, naturalmente sua Vida será Plena e Bela.

Evolua sua Consciência. Seja Melhor para viver o Melhor.

Sua Alma é repleta de potenciais Divinos. Somos formados por Luz que pode emanar raios tão fortes como o próprio Sol.

O que bloqueia a manifestação desta beleza Consciente é o padrão que mantemos em nossa mente e nossas emoções.

Somos imbuídos de limitação provenientes da nossa criação e da carga do DNA. Precisamos romper estas cargas energéticas para podermos liberar a nossa Força da Alma.

Você pode fazer exercícios que flexibilizam o corpo, mas faz o mesmo com sua mente?

A auto-observação é importante para que possamos justamente trabalhar a flexibilidade de nossas crenças. Precisamos rever as experiências do passado para ver onde nos limitamos, ou onde foram colocados limites em nossa capacidade.

Basta olhar uma criança para ver como você também era aberto para todas as possibilidades.

Onde você foi bloqueado?

Encontre o: -não faça isso! – dentro do seu inconsciente.

E mude esta informação. Acrescente o: - Faça, você é totalmente capaz!

Deixe as limitações do passado no passado. Se liberte daquilo que carrega encontrando as situações na linha do tempo e requalificando o que lhe foi dito.

Mude os padrões das raízes. Crie novas bases de crenças positivas dentro de você.

A libertação das informações impostas no começo de nossa vida pode transformar nossos padrões atuais. É um caminho mais fácil.

Costumamos acreditar naquilo que nos foi passado na infância. Então mude o que foi dito naquele momento da sua existência.

A transformação das informações básicas transformará todos os padrões de interpretação da sua mente e de sua Consciência.

Esta libertação modificará tudo.

21

Você já se sentiu cheio de tudo? Como se fosse transbordar em emoções?

Chegou num estado de possível explosão? E provavelmente não aguenta mais.

Isso acontece por que você realmente está cheio de tudo. Emoções, pensamentos, situações e relações não resolvidas.

Agora é hora de dar um basta neste acumulo. Coloque para fora toda esta energia. Mas faça de forma Consciente.

Não exploda com os outros. Eles não têm culpa.

É Você quem permite que façam o que quiserem com Você.

E é Você quem guarda toda esta informação desconexa e problemática.

Libere este acumulo de uma forma saudável. Fale ou grite para os céus. Corra ou dance. Mergulhe na água.

Mas faça sabendo que você vai se livrar de toda esta carga.

Nada mais ficará em Você.

Liberte-se de tudo que não é mais o momento Presente. E aceite se livrar de todas as informações conectadas ao passado. Sentimentos, emoções, pensamentos e vínculos.

Livre sua Alma para que a Paz possa fazer morada.

E depois de se sentir Livre, comprometa-se a não guardar mais informações passadas.

Aprenda a viver, sentir, externar e finalizar todos os eventos da vida.

Desta forma, a sensação de estar cheio não se repetirá. Você será um Eterno Vazio, repleto de Felicidade, pois os sentimentos puros e genuínos não pesam na Alma.

Apenas afloram, transbordam e deixam a vida Fluir.

22

Você limpa a sua energia todos os dias? E sabe como fazê-lo?

Assim como limpamos os ambientes, precisamos limpar a nossa morada da Alma. Você precisa se desligar do externo, desligando temporariamente a mente e as emoções.

Que sejam apenas 5 minutos. Desde que você feche seus olhos e pare com o fluxo mental e emocional, vai quebrar a liberdade da mente.

Ela é feita para podermos nos comunicar e compreender. Não para a auto identificação e livre fluxo.

Se você desligar o continuo de pensamentos e emoções, vai se desligar dos processos que causam desestrutura e problemas.

Uma vez ao dia, precisamos nos lembrar que somos silenciosos em essência. Esta lembrança vai trazer a tona seu Verdadeiro Ser.

E se deseja ter uma vida melhor, precisa deixa-lo comandar a sua Consciência.

23

Por que as pessoas insistem em nos obrigar a fazer o que não queremos?

Porque não somos firmes em nossas Verdades e Posturas.

Simplesmente fazemos o que não queremos para não magoar ou brigar.

Mas e Você? Como fica nesta história?

O outro fica bem. Mas e Você? Como se sente depois?

Cuide das suas emoções e não dos sentimentos dos outros. Faça o que Você quer ou, pelo menos, não se obrigue a fazer o que os outros querem.

E se não conseguir encontrar um meio termo, pergunte-se como vai ficar depois. Se a resposta for negativa, Não Faça.

Todas as pessoas são passageiras na Vida da Alma. Só Você vai continuar.

Lembre-se disso.

24

Você pode mudar totalmente Sim.

Pode gostar de algo que antes detestava.

Pode se entregar a quem desconfiava.

Pode sentir amor por que já lhe feriu.

Na medida em que buscamos o crescimento, nossos pensamentos e emoções podem se alterar. Aliás, devem se alterar, pois não existe crescimento sem movimento.

E no florescer da Alma, aprendemos a deixar para traz aquilo que não combina mais com nosso novo nível de percepção. Predemos a ressonância com sentimentos e certezas.

Neste caminho, também desenvolvemos grandes virtudes e potenciais, pois determinados padrões são inerentes ao Ser Desperto.

Consciência e Perdão são grandes Transformadores.

Curam as Relações, a Alma e os Desejos internos.

Sim. Você pode mudar.

A mudança faz parte da caminhada da Vida. Quem se mantem rígido em seus conceitos, já está morto por dentro.

25

Há milhares de sabotadores e obstáculos ao desenvolvimento de cada pessoa.

Mas os maiores impedimentos são as Autos sabotagens.

Sempre existe algum fator, algum receio, algum bloqueador de mudança que é baseado em Medo.

Todo ser humano traz em sua carga genética, medos inconscientes que determinam a paralisia ou a sabotagem da ação.

Trazemos também os medos vividos em experiências de outras vidas gravados em nosso DNA espiritual.

E como eliminar estes medos?

Primeiro você precisa encontrá-los.

Feche os olhos e busque se lembrar de uma situação em que seus caminhos foram bloqueados.

Agora pense em como seria sua vida se você tivesse seguido em frente e crescesse.

Então observe a sua região umbilical. Quais são as sensações? E no seu coração?

Veja o quanto de medos existem acumulados.

Então permita-se liberar toda esta carga. Faça uma limpeza consciente de todo o medo que habita o seu Ser.

Quando se sentir bem, foque sua energia no coração e emana paz, tranquilidade e confiança.

Depois de ter renovado sua energia, volte a pensar naquela situação. Agora, ao se ver prosperando, como se sente?

Se ainda há desestruturas energéticas, faça nova limpeza.

Se estiver bem, emane a Luz do Seu Ser para sua Vida.

Tudo vai ser diferente.

26

A tristeza e a raiva abrem nosso corpo energético e permite que outras energias penetrem em nossas células.

Você pode abrir seu corpo físico para um vírus. Seu corpo mental para pensamentos coletivos. Seu corpo emocional para tristeza distintas. Seu corpo espiritual para obsessões de encarnados e desencadeados.

Não basta ter uma alimentação saudável. Precisamos ter hábitos saudáveis.

Da mesma forma que o corpo físico precisa de exercícios, os corpos mental e emocional precisam de treino e limpeza.

Situações ruins, conflitos e decepções acontecem na vida de todos. Precisamos aprender a senti-los e resolvê-los.

Aquilo que fica no seu campo energético causa o desequilíbrio da autoproteção e permite a entrada do que não é Seu.

Aprenda a Aceitar as emoções. Elas existem.

Aceite, reflita e aja para se libertar.

Elas existem para nos mostrar que estamos fazendo algo em desacordo com nosso Ser.

Mas não devem ser acolhidas como algo seu.

São apenas sensações e alertas.

Aprenda a usá-las para se entender e resolver aquilo que está relacionado.

E depois, Solte. Volte a ficar bem.

Não permita que a Mente continue vivendo as emoções e situações.

Apenas se desapegue e volte ao seu Centro. Ao positivo.

Viver com Inteligência Emocional é a melhor forma de se Proteger.

27

Por que tornar a vida complicada se pode ser Simples?

Criamos transtornos psicológicos e mentais por desejar aquilo que não temos.

Destruímos nossa autoestima e equilíbrio emocional por não aceitar as escolhas dos outros e o resultado de nossas escolhas.

Podemos acabar com toda esta disfunção espiritual apenas Aceitando o Que É e quem Somos.

Sim. A vida está aí.

Tudo que acontece e existe têm lados e experiências positivas.

E podemos ficar em paz se Aceitarmos a Realidade e as Lições. Apenas aceitando é que podemos adquirir a Sabedoria do Aprendizado e relaxar.

Ficar tranquilo. E deixar que a Vida Flua.

É neste Fluir da Continuidade que Tudo Muda.

Com a Paz da Aceitação, encontramos a Força da Ação. Que então deve ser direcionada à outro caminho.

Mas aprenda a escolher os novos caminhos baseados naquilo que realmente vai lhe fazer Feliz.

Vai preencher Sua Alma.

Não escolha baseado nos outros ou no que eles possuem.

Escolha Por Você.

Os acontecimentos vão fluir sem obstáculos e tudo simplesmente Acontecerá.

Sua Vida vai se tornar Simples.

E Completa.

Pois a Completude está dentro de nós.

Não no externo.

Pense nisso e simplifique Sua Vida.

Permita-se ser Feliz. Por completo.

28

É muito difícil buscar a Evolução Espiritual quando temos dificuldades na Vida Física.

Pequenos problemas e faltas, podem tirar toda a atenção de um processo Espiritual.

Então, o melhor Caminho para a Evolução nesta situação é buscar ter Consciência daquilo que realmente precisa ser resolvido, melhorado.

Olhar para um setor da vida material não significa fugir da espiritualidade. É apenas aceitar a Vida como um Todo.

É preciso acertar os escapes de energia e concentração. Temos que resolver o que domina nossa mente ou emoção.

Somente aceitando a Vida Material e acertando os pontos de relação negativa com a Matéria deixaremos nossa Energia livre para se desenvolver Espiritualmente.

Afinal, seu espírito Está manifestado na matéria. E você precisa acertar sua relação com a matéria para poder liberar a Alma para o Caminho Espiritual.

Apenas aceite seu momento.

29

A Verdadeira Consciência está em lidar com todos os eventos da Vida de uma forma Natural, Tranquila.

Não há problemas. Há apenas acontecimentos.

Sem valorizar positiva ou negativamente. Apenas situações resultantes de nossas escolhas Conscientes e Inconscientes.

O que se deve fazer?

Apenas lidar com os eventos da Melhor maneira possível e esperar que os resultados apareçam.

E para que algo seja resolvido ou transformado rapidamente, é preciso olhar profundamente na situação e entender qual é o aprendizado.

Sem esforço e sem valorar.

Apenas viver a situação e deixá-la chegar ao fim através do movimento do Aprendizado e da Aceitação.

30

Sim. Eu acredito em milagres.

Meu trabalho diário é ajudar as pessoas a realizá-los em sua vida.

Os milagres estão dentro de cada um de nós.

Às vezes só precisamos de uma Nova Forma de olhar para a Vida, ou um Novo Padrão emocional e mental.

Por mais que pareça impossível, todos temos a capacidade de Transformar a nossa vida e a nós mesmos.

O que falta é a chave.

E esta precisa ser encontrada.

Quando uma pessoa não é capaz de enxergá-la nitidamente, precisa de outra pessoa para mostrá-la.

Apenas isso.

31

Nos momentos mais difíceis, a Luz aparece sutilmente nos dando a chance de Transformar a situação e a Nós mesmos através da modificação da Visão e o Clareamento do Entendimento.

É justamente no centro do Turbilhão que existe o Maior ponto de Silêncio.

A Pura Conexão com nosso Ser Eterno.

Para encontrar este ponto, basta sair da Mente e das Emoções por apenas Um Segundo.

É neste Único Segundo que podemos encontrar Nosso Centro Eterno em meio ao Silêncio.

Não há Consciência no barulho e conflito.

A verdadeira Luz Da Consciência se encontra na imensidão do Interior.

E para se banhar em sua Paz e Sabedoria, basta tocar a superfície de Si Mesmo.

32

Faça suas escolhas e aceite os resultados.

Bons ou maus, felizes ou tristes, são os reflexos das suas atitudes.

Tenha consciência de que tudo que acontece com você é resultado das Suas Escolhas.

E nada mais.

Lembre-se de que escolhemos tudo. Desde de nossos alimentos, até nossos pensamentos.

Você também escolhe no que vai acreditar.

E escolhe quem vai deixar entrar na sua energia.

Seja mais Consciente, analítico, perceptivo e inteligente.

Seu mundo e sua vida vão melhorar muito.

33

A ofensa é como um presente. Você só aceita se quiser.

Escolha as energias que aceita no seu campo de existência.

Não entre na ressonância daquilo que não faz bem.

Se o Outro se sente mal e envia uma energia negativa, cabe a Você não se permitir recebe-la.

Faça suas escolhas de forma consciente.

E no momento em que perceber que não recebe a energia negativa vindo do Outro, mude a sua frequência. Vibre no Amor e no Perdão.

Ame aquela pessoa que não está bem. Peça ao Eu-Superior dela entrar em contato neste momento e leva-la ao caminho da Paz.

Perdoe aquele que pretende fazer o mal por não estar se sentindo bem.

Finalize toda esta situação se permitindo ficar no seu Bem-Estar e Consciência.

Esta mudança vai ensinar seu Inconsciente a não aceitar qualquer energia externa.

34

Não há busca.

Há o encontro.

E todo o caminho do meio é baseado em experiências de engrandecimento e evolução.

Não foque no caminho.

Foque na Realização.

Não busque nada que possa te completar.

Encontre a Completude dentro de Você.

O verdadeiro deleite da Alma está na vivência das experiencias e na percepção da Própria mudança.

Quando aceitamos viver no Presente, todos os momentos vividos são de pura Alegria.

Cedo ou tarde, você chegará em seu objetivo.

E neste caminho, vai se transformar em Alguém muito Melhor.

35

Tudo que é obrigatório organiza a mente e poda a Alma.

Sem espontaneidade não há o amor.

Faça apenas o que sua Criança Interior pede.

Seja leve e siga a vida de uma forma branda.

Não permita que a mente ou a coletividade obrigue você a seguir por caminhos que não trazem o verdadeiro prazer.

No final, a única coisa que realmente importa é a forma como nos sentimos durante a Vida.

Se sua vida foi difícil e pesada, você deixará desejos não realizados para uma nova encarnação.

Agora se você viveu alguns ou todos os momentos sorrindo por dentro e por fora, ao final desta vida, será completo em Si mesmo.

E esta sensação é a grande libertadora dos processos cármicos.

Apenas opte por ser Feliz a cada instante.

36

Se você não consegue mudar seus filhos, mude a si mesmo.

Sua Mudança trará a mudança nas reações deles.

No começo haverá bastante resistência em aceitar sua nova forma de lidar com as situações e expressar seus sentimentos.

Mas a mudança virá.

A melhor maneira de ensinar é através do exemplo. Não da obrigação.

Entenda que os filhos são os grandes espelhos da vida para nos mostrar onde estamos presos a conceitos, obrigações ou memórias inconscientes.

Observe os sentimentos que eles afloram em Você e entenda que é Você quem precisa trabalhar estas emoções e se curar do passado.

Cure suas memórias inconscientes, mude suas ações e veja a diferença imediata nestes seres de Luz.

37

Lar é o local que você Habita.

O seu próprio Ser.

Não dê espaço para pensamentos e emoções negativas.

Seja o Lar de boas energias, suaves frequências e pensamentos engrandecedores.

Quanto maior a sua Consciência do que realmente está guardado dentro de seu corpo, maior a chance de você se libertar dos seus reais bloqueadores da Felicidade e Realização.

Os maiores sabotadores e obsessões somos nós mesmos.

Criamos milhares de bloqueios conscientes e inconscientes baseados no medo e na raiva.

Seja livre daquilo que só lhe leva para baixo, para a dor e para o fracasso.

Escolha ser um Canal Puro de Alegria, Contentamento e Gratidão.

Seja o seu Melhor a partir da liberação e cura destas emoções e memórias que só estão vivos no seu interior.

Se liberte do que envenena sua Alma.

Escolha a visão positiva dos acontecimentos.

Aprenda a aceitar tudo que acontece como apenas um evento de aprendizado e crescimento.

Não dê valores ou sentimentos negativos.

Aceite. Entenda.

Busque tranquilidade para saber o que fazer.

Aja de acordo com o melhor da Sua Alma.

Escolha o caráter positivo.

Isso é viver com Inteligência Espiritual.

38

 Beleza está em toda parte. E nesta beleza da vida, podemos encontrar Nosso ponto de Evolução.

A Consciência está em Viver no Presente.

E este Presente acontece no momento em que deixamos a agitação da mente para penetrar na experiência do Agora por inteiro.

Pratique a contemplação. Viva cada momento com seu Coração. E não com sua mente.

Observe.

Vivencie.

Experimente se unificar ao Belo que a Vida apresenta.

Seja.

Esteja Presente.

Desta forma, a Vida torna-se Leve. Fluída.

E assim tudo acontece. Tudo se Transforma.

Tudo começa a Ser.

39

Acredito em um mundo onde o Sol retorna todas as manhãs.

As crianças brincam indiferente do que acontece à volta.

O amor é mais forte do que qualquer outro sentimento.

Eu vibro nesta frequência.

E você? Em que frequência anda vibrando?

Pare por um momento e olhe em seu interior.

Quais são as emoções e pensamentos que flutuam em ciclos repetitivos dentro de Você?

Será que sua definição de Vida é bonita ou pesada?

Será que suas crenças sobre como acontecem todos os processos naturais do cotidiano são baseadas em obstáculos e dificuldades ou em caminhos fluidos e contínuos?

Lembre-se da inocência de uma criança.

Indiferente de qualquer problema que aconteça ao seu redor, ela sorri e olha pra o mundo observando apenas as cores, belezas e oportunidades de felicidade.

Acredite que a Vida é bela.

Tudo acontece apenas como forma de nos mostrar outro prisma.

Ame a dádiva de estar vivo e de poder se transformar inúmeras vezes.

Lembre-se de que você pode criar uma nova vida ou nova situação a cada instante.

Basta apenas mudar.

Cada vez que você julga uma pessoa, você deixa de Olhar para Si Mesmo.

E cada vez que você observa os defeitos no externo, está inconscientemente se conectando a algo que precisa ser mudado ou trabalhado em Você.

Não ganhamos nada julgando as atitudes ou escolhas alheias. Esse comportamento mostra que você está fugindo de Si mesmo.

Será que é medo de mudar algo em sua Vida? Ou será que é medo de viver a Sua Verdade?

Seja qual for a questão, você pode mudar este padrão a partir de agora. Saia da observação do externo e olhe para dentro de você.

É neste local, no meio das suas emoções que está aquilo que realmente lhe causa insatisfação.

Seja sincero consigo mesmo. O que você olha que não gosta? É uma memória? Uma situação atual? O que lhe traz toda esta carga negativa?

Agora que você foi sincero nesta percepção, pode se trabalhar sem medos ou grandes obstáculos.

Tenha compaixão consigo mesmo. Entenda que tudo aconteceu baseado no melhor que você podia fazer no momento. Apenas aceite que agora você tem mais Consciência e pode mudar qualquer acontecimento em sua Vida.

Feche os olhos e se veja vivendo aquilo que realmente preenche a sua Alma. Deixe sua criatividade Divina fluir através de sua Consciência.

Sinta-se vivendo esta situação. Abra seu coração e deixe os sentimentos se conectarem à esta realidade como se ela já estivesse acontecendo agora.

Abra seus braços e deixe seu coração transbordar em energia de felicidade. Solte esta energia como se fosse um grande Sol Dourado.

Deixe que seu Ser Interior entre em contato com todo o mundo externo e crie a ressonância perfeita para realizar esta Vida.

Permita que sua energia se expanda para todo o planeta.

Agora leve sua Consciência a conexão com seu Eu-Superior. Deixe a energia dele penetrar sua cabeça e todas as células de seu corpo.

Toda esta união de Luz, vai criar a Sua Vida Melhor. Este é o Caminho do Divino.

41

Você já se sentiu perdido? Sem saber o que fazer?

Às vezes passamos por tantas experiências complicadas que, ao analisar a vida, nos sentimos perdidos, sem saber quais são as melhores decisões.

Isto acontece quando estamos fora de Nosso Centro.

Algo aconteceu e fez com que perdêssemos a Conexão com nosso Eu Interior.

Na falta de Conexão nos sentimos indecisos e até mesmo perdidos, pois nenhuma decisão parece ser correta.

Podemos nos perder em pensamentos sobre as escolhas anteriores e os efeitos em nossa vida, principalmente se não estamos contentes com seus resultados.

E a falta de Felicidade acaba gerando pensamentos e sentimentos negativos que nos levam cada vez mais para baixo, para o isolamento.

E, embora distantes da Vida, não estamos Conectados com Nós Mesmos.

O que fazer quando se sente desta forma?

Em primeiro lugar, você precisa respirar e se libertar dos sentimentos pesados.

Tudo bem se sentir perdido ou triste.

Faz parte do mecanismo interior.

Seu Eu está tentando lhe mostrar que há algo errado.

Mas agora que você entendeu, deixe que toda esta carga seja liberada.

Apenas respire de forma consciente e solte toda a sensação.

Então aceite que suas escolhas anteriores não foram erradas. Apenas foram tomadas em momentos de desequilíbrio, sem consciência.

Você fez o seu melhor.

Aceite e supere os efeitos.

Pense que a partir de hoje, todas as decisões serão tomadas de forma Consciente.

Você vai buscar encontrar o Seu Centro antes de decidir e agir.

Feche seus olhos e respire concentrando sua atenção em seu coração. Imagine uma porta que, ao se abrir, te leva a um espaço só Seu. Onde seu Eu Interior habita.

Entre e se conecte.

Faça uma União entre Você e este seu Eu Sábio.

Abrace-o e integre esta parte a sua energia.

Refaça um Novo Ser banhado de Luz Dourada.

Deixe a energia de Sabedoria Divina se Manifestar em Você.

Agora expanda esta Luz até você se perder nela.

Ao abrir os olhos você terá Consciência para direcionar sua Vida.

42

A culpa é um dos maiores venenos para nossa Alma.

Quando sentimos culpa por alguma atitude, nos mantemos conectados ao que aconteceu e as pessoas envolvidas de uma forma negativa, dolorida.

Este sentimento gera uma frequência que atrai diversos problemas.

E seu registro fica gravado em nossas células, interferindo na divisão celular, determinando doenças.

Se ao menos a culpa nos levasse a não agir da mesma forma, poderíamos vê-la como algo bom.

Porém, na verdade, ela determina diversos processos de autopunição que acabam nos levando tanto ao mesmo comportamento, como a atitudes e escolhas ainda piores.

Liberte-se de Toda a Culpa que você carrega. Entre em contato com cada um dos pontos deste sentimento e Perdoe-se.

Aceite-se.

Devemos aceitar que nossas atitudes, por pior que tenham sido, foram as melhores respostas do momento.

Não se culpe e não se puna.

O que vale de toda experiência é observar nossas limitações. São elas que causam a culpa. Ao encontrá-las, você deve aceitar e então modificar.

Busque os sentimentos profundos que geram as limitações. Entenda o porquê destes sentimentos. Cure-os e torne-se grato pela experiência de aprendizado que eles trouxeram. Então olhe para a situação que traz a culpa e compreenda que aquilo aconteceu pelas suas limitações.

E agora que você compreende suas emoções e suas limitações, naturalmente não vai agir da mesma forma novamente.

Depois de toda esta interiorização e aprendizado, ame-se profundamente. Você merece este amor.

Você está mudando e se tornando alguém Melhor. Você faz diferença na Vida das pessoas próximas e no Mundo.

Suas mudanças interiores melhoram a Coletividade. E você merece este Amor.

43

Você sente preguiça de fazer algo?

Usa qualquer desculpa para desviar da obrigação?

Provavelmente existe algo em sua vida que lhe desagrada muito. A preguiça é, na verdade, um sintoma de que você está vivendo nas bases de obrigação e tendência a agradar aos outros.

Seus caminhos estão baseados no que a sociedade falou ser o certo.

Quando deixamos de fazer o que agrada nossa Alma para agradar aos outros, com o passar do tempo, perdemos a vontade de Viver.

Podemos levar meses ou anos para perder a Motivação, mas, em algum momento, ela some. Desaparece.

Pergunte a Si Mesmo o que está sendo uma obrigação de verdade. E aceite profundamente a resposta.

Pode ser qualquer coisa. Um comportamento; um trabalho; uma relação.

Então aceite o que lhe desagrada e busque a mudança. Esta transformação não precisa ser o corte. Pode ser uma modificação do que você faz, ou a mudança da forma como você encara o que está fazendo.

O que precisa acontecer é o Entendimento. Você precisa ser Honesto sobre o motivo Real do que está fazendo.

E então analise este motivo. Será que vale a pena?

Se a resposta for não, você já sabe o que deve fazer: finalize esta situação e siga seu Coração.

Agora se a resposta for sim, vale a pena, modifique sua relação com tudo. Abandone os desgostos por sentimentos positivos relacionados aos ganhos que têm com esta situação.

Aceite e transmite sua Sensação.

Assim você poderá curara as raízes da falta de vontade e deixar o Amor pela Vida aflorar novamente.

Vale a pena requalificar nossa relação para podermos viver de forma leve e pacífica.

Tente.

44

Se a vida lhe deu um tempo livre, Aproveite.

Faça algo por você.

Se cuide e se deixe Feliz.

Ao invés de se preocupar, use este tempo de formas positivas e exclusivamente para Você.

Seu Eu Superior entenderá que você está bem e vai trazer seus compromissos e trabalhos de forma maior.

Não "Encane". Divirta-se.

A vida não foi feita apenas para trabalhar e acumular bens e dinheiro.

Ela foi concebida para nos trazer Felicidade.

Entenda que quando estamos em processos automáticos de busca pela matéria, nosso Eu-Superior entende que precisa nos dar tempo livre para podermos Ser Felizes.

E este tempo, não vai levar em conta seus compromissos ou medos financeiros.

Vai apenas durar o tempo necessário para que você saia da correria e da mente e entre em contato com seu Interior.

Então faça este caminho de Auto Conexão o mais rápido possível.

Olha para si mesmo.

Cuide de você e se permita viver momentos Leves e Felizes.

Tudo vai voltar ao normal depois deste processo de Entrega.

45

Tudo que acontece têm uma razão por traz.

Nada vêm sem um grande aprendizado.

Quando decidimos desenvolver nossa consciência, Tudo conspira para que possamos nos transformar e aprender.

Então não fique triste ou ansioso. Entregue-se ao aprendizado.

Pode parecer que sua vida é difícil, mas, na verdade, todas as experiências são geradas por nosso Eu Superior para que possamos Superar nossos fantasmas e bloqueios.

Aquilo que traz maior dificuldade certamente trará a Maior Recompensa.

Assim como ganhar em uma competição, a sensação de auto superação é extremamente gratificante.

Então compreenda que Tudo têm começo, meio e fim. E para chegar ao fim, você precisa aprender e entender as Intenções Divinas da situação.

O sofrimento e a negação só atrasam a compreensão e a finalização.

Aceite e se entregue.

Sinta profundamente Aquilo que Sua Alma lhe mostra. Veja os sentimentos e busque seus fundamentos.

Deixe que sua mente lhe mostre processos e cargas do passado que ainda estão em você e que são as bases destes sentimentos.

E por fim, olhe o que está acontecendo sem filtros. Observe, viva e se Entregue.

Você vai entender o que deve aprender.

Depois de todo este movimento, você adquiriu Sabedoria, Autoconhecimento e Aceitação.

Estes sentimentos liberam Sua Alma de novos aprendizados similares.

Além de resolver o problema, você se desconectar de novas experiências similares.

É a Transformação.

46

Às vezes a Vida lhe dá um tempo para refletir, entender a Si Mesmo e aproveitar as mudanças que você já fez.

Não se desespere pela falta de agitação. A calmaria é necessária para que você observe ou transforme algum novo conhecimento em Sabedoria.

A vida é feita de pequenos e grandes ciclos e precisamos aproveitar todas as partes para que a Energia da Vida possa continuar.

No momento de movimento, Corra, Mude, Transforme e Prospere.

No momento de calmaria, Curta, Aproveite, Reflita e Absorva.

Tudo faz parte das mudanças e das conquistas.

Vivendo todas as fases dos ciclos, aceitamos profundamente as nossas Transformações e concretizamos seus efeitos e resultados.

Apenas aproveite.

47

Cada dia traz a oportunidade de Ser Você.

Somente por hoje faça aquilo que gosta.

Somente por hoje permita seus melhores sentimentos aflorarem.

Faça do dia de hoje uma Dádiva Divina.

Se deixe levar pelo fluxo da vida.

Sorria.

Seja Feliz.

O resto da Sua Vida pode começar hoje.

48

Seja mais positivo e tenha uma vida melhor.

Você sabia que quando olhamos para a vida por um prisma positivo, milagres acontecem e tudo começa a se resolver?

Geralmente quando temos um problema, tendemos a ficar negativos e ansiosos para resolver a situação.

A junção das emoções e pensamentos geram um ciclo repetitivo mental e emocional que não nos permite enxergar a saída.

E quanto mais pensamos sobre o assunto, maior a tensão e ansiedade que mantém o roda energética em uma frequência que atrai cada vez mais situações problemáticas.

Ao invés de resolver o que nos traz o desespero, ficamos girando em conflitos emocionais e mentais que acabam levando nosso foco para as escolhas negativos e caminhos cheios de desafios.

Se você quer mudar toda a Sua Vida, precisa Mudar a Sua Frequência.

É com pensamentos positivos e tranquilidade que começará o caminho da Mudança.

Por pior que pareça, Tudo têm Resolução e Fim.

E para encontrá-los você precisa acreditar e aceitar que a experiência é apenas parte de seu aprendizado e que têm Resolução.

Esta vai aparecer quando você der espaço na mente e emoção. É preciso ter tranquilidade e confiança para desacelerar a mente e se conectar a Mente Superior.

Esta parte do Seu Ser sempre está pronta para mostrar o caminho certo. Mas só conseguimos nos conectar à ela quando estamos na frequência positiva, ou seja, leve.

Por pior que pareça, se você confiar na Resolução, vai se conectar à sua parte que trará o que precisa.

Respire, entre em um estado de Paz e Seja positivo.

Tudo mudará.

49

Por que as pessoas insistem em nos obrigar a fazer o que não queremos?

Porque não somos firmes em nossas verdades e posturas.

Simplesmente fazemos o que não queremos para não magoar ou brigar.

Mas e você? Como fica nesta história?

O outro fica bem. Mas e você? Como se sente depois?

Cuide das suas emoções e não dos outros. Faça o que Você quer ou, pelo menos, não se obrigue a fazer o que os outros querem.

E se não encontrar um meio termo, se pergunte como vai ficar depois. Se a resposta for negativa, Não Faça.

Todas as pessoas são passageiras na Vida da Alma.

Só Você vai continuar.

Lembre-se disso.

50

As situações não são desesperadoras.

É apenas a Sua interpretação do que está acontecendo.

A diferença entre um ser Consciente e um desequilibrado é apenas a forma como Ele lida com o que acontece.

Aprenda a não se perder em um turbilhão de pensamentos e emoções.

Aprenda a Aceitar aquilo que acontece apenas como mais um evento. Mais uma história da Vida.

Aceite que não precisa se desesperar. Ninguém vai lhe julgar.

Você apenas precisa ter a lembrança de que este não é o primeiro problema da sua vida. Muito menos da Vida Eterna da Alma.

É mais uma situação e nada mais.

Retorne ao seu Centro. Volte para o seu Interior.

Seja agora ou daqui a pouco, tudo irá se acertar.

Confie.

51

Desafios e incertezas acontecem na vida de todos. A diferença é a forma como cada pessoa lida com estes acontecimentos.

Geralmente, quando tudo fica estável, algo acontece justamente para lhe tirar da tranquilidade. Da estagnação.

Só há dois motivos para que os desafios aconteçam, ou você parou de olhar para si mesmo, ou está em um turbilhão de mudanças.

Nas duas formas, a intenção da Alma é trazer a superação de si mesmo.

Você pode Ser e Fazer mais.

Aceite o que está acontecendo e olhe diretamente no meio. Encontre a lição da Vida.

Cresça. Transforme-se e Conheça a Si mesmo.

No final de todo problema sempre há a Felicidade de se perceber alguém capaz, novo e mais forte.

52

Hoje você tem a oportunidade de se conectar com a energia da primavera. Este é o momento de deixar nossos sonhos aflorarem.

Aceite a energia da estação e equilibre sua vida. Seja positivo, aberto ao novo e receptivo à tudo que a Vida pode lhe dar.

É tempo de se permitir relacionar-se.

Abra seu coração, se livre das dores antigas e deixe que o Amor traga Novos momentos de felicidade.

Ame e seja amado. Inclusive a Si Mesmo.

Mude a sua frequência para o Bom, o Belo e o Melhor. Aproveite a própria frequência da estação.

Faça deste momento o começo de uma Nova Fase.

A melhor fase de sua Vida.

Seja Grato ao universo.

Tudo está em perfeita harmonia com o Plano Divino.

53

Quantos dogmas você deixou pra traz?

No que acreditava totalmente e agora não vê mais o sentido?

Isso chama-se Evolução.

Deixamos para traz aquilo que se torna obsoleto. Fazemos esta mudança, muitas vezes sem ao menos perceber.

É natural.

E agora eu pergunto, você deixa para traz tudo que não serve mais? Aceita que as situações e emoções não existem no presente e se abre para o futuro?

Por que não? Qual é a diferença?

Se a sua mente e suas crenças mudaram, você mudou. Aceite Sua Mudança e aceite a Mudança da Vida.

O que fica para traz dá espaço ao Novo. E se você não carrega a bagagem das emoções, certamente viverá um Novo Melhor.

54

Escolha as suas companhias.

Cada pessoa que você se relaciona deixa impressões na sua energia.

Se você se conectar a pessoas negativas e frustradas, ficará com esta ressonância em sua vibração.

Agora se você só permite conviver com quem observa a vida de uma forma leve e positiva, naturalmente vibrará na Facilidade da Vida.

Não basta apenas cuidar de você.

Observe e escolha de quem vai permitir entrar no seu campo energético.

55

Por que escolher a dor se você pode escolher o Amor?

Ame a Si Mesmo. Ame a Vida.

Agradeça o fato de estar vivo e poder passar por experiências que levam ao seu Crescimento.

Tudo é importante. Faz parte da Evolução.

Todos os caminhos estão aqui para levá-lo a profunda conexão Com Você.

Então escolha conectar-se.

Escolha Aceitar.

Escolha se Amar.

Naturalmente, a dor irá passar e a Vida não trará mais desespero.

56

Quando alguém lhe causa uma emoção forte, agradeça.

Toda desestrutura emocional pode gerar um Salto de Consciência.

Todas as situações são oportunidades de Crescimento.

Nossa Consciência utiliza as formas mais incríveis para gerar nosso movimento.

As pessoas são apenas portais desta energia.

São utilizadas para gerar experiências que podem Transformar a Sua Consciência.

Se você se descontrola emocionalmente é porque ainda está direcionando seu desenvolvimento pessoal através de experiências negativas.

Agradeça e se modifique.

Programe seu Eu Interior para aprender em momentos de Paz e Alegria. Mude a forma de aprendizado.

57

Por que não mamãe?

Porque uma verdadeira mãe ensina a Ser o Melhor. E este Melhor nem sempre é fazer o que tem vontade.

Na Alma ainda inconsciente, os limites de comportamento, alimentação e respeito não tem sentido. Se deixarmos essa alma fazer todas as escolhas, ou cedermos às suas vontades, ensinaremos o padrão errôneo de que na vida, nada tem limites.

Nossas realizações realmente não têm limites. Mas para alcançá-las, precisamos saber conviver e lidar com os outros. Uma pessoa sem limites não sabe viver em sociedade. Não respeita os limites, sentimentos e desejos do outro. Apenas passa por cima.

E da mesma forma que não sabe ouvir o outro, também não sabe ouvir o Não. E o Não da vida é muito mais duro e cruel do que um Não dado por uma pessoa que tem amor.

Pense nos exemplos e diretrizes que você está dando para estas Almas. Elas são especiais sim e precisam aprender a viver entre elas e todos os outros seres que estão aqui.

58

Eu estou aqui.

Eu não pertenço aqui.

Não pertenço a nada e a ninguém.

Eu pertenço a minha Alma e meu Eu.

Estarei bem em qualquer lugar, pois o único lugar que eu hábito é minha Essência.

O que existe no externo não me completa, apenas me Serve.

Sou completo em Mim Mesmo. Tenho todos os sentimentos e qualidades em minha Alma.

O mundo é apenas um reflexo daquilo que Vibro dentro de Mim.

E eu escolho Vibrar a Paz, a Felicidade e Auto Realização.

59

A experiência do Amor acontece sempre para quebrar nossos muros e barreiras internos.

Mesmo que a relação acabe em sofrimento, a dor traz a ruptura do Ego o que pode levar a Entrega à Alma.

É neste momento de fraqueza que você pode encontrar o caminho de volta ao Seu Eu Interior.

O Amor tem como base nos levar a esta conexão. É o caminho da Felicidade Interior que leva ao encontro do Eu Superior.

Se de alguma forma, este caminho Divino foi interrompido, será a Dor a próxima tentativa do Eu.

Mas tudo acontece para que você se Entregue ao seu Eu.

Então no momento em que mudar o foco da Dor para a Gratidão de ter amado, naturalmente tudo se transforma. A dor e reclusão se tornará Entendimento e Sabedoria.

Tudo acontece em um Salto Quântico de Consciência. Basta mudar a sua percepção pela Experiência Vivida.

60

Crie um ambiente interno, onde somente a Felicidade e a Paz vibram como energia.

Se aprofunde neste Mundo Interior, criando toda a Realização que deseja para o externo.

A verdadeira Realização está em Você.

Quando encontramos nosso Eu Interior, tudo se torna possível. Somos capazes de Criar um mundo perfeito, completamente condizente com nossos desejos mais profundos.

Para podermos Transformar nossa realidade desta forma, é necessária a conexão com a Força da Alma. Esta força é intrínseca, mas não aprendemos a usá-la.

Seu Poder de Realização pode ser acessado através da Interiorização. Basta olhar para dentro de Si Mesmo e encontrar a Paz.

Depois desta Conexão Divina, toda sua capacidade aflora para que você possa direcionar seu Poder em direção a um setor ou situação da Vida.

Use sua Força para concretizar um desejo de cada vez. Assim você não vai se perder em inúmeras possibilidades e terá os resultados em menor tempo.

Aprenda a ter Paciência para mudar cada setor de uma vez.

61

Se você pudesse fazer algo diferente, o que seria?

Se você pudesse escolher uma outra vida, como ela seria?

Será que existem desejos não realizados em seu coração?

Todas estas questões podem mostrar as frustrações que habitam a sua Alma.

Já pensou em olhar neste ponto específico do seu inconsciente?

Se você tiver a coragem de responder estas questões, pode encontrar os caminhos a seguir.

E o mais interessante é que em muitos casos, você vai perceber que, na verdade, estes desejos já não fazem parte de você. São vestígios do passado que agem como sabotadores inconscientes.

Com o passar do tempo, acabamos mudando com nossas experiências.

Boas ou não, elas nos transformam.

E sem perceber, amamos muitas coisas de nossa vida atual.

Sua vida pode não ter seguido os caminhos que você queria, mas certamente há muito do que você se orgulha.

Olhe estes pontos. Troque o foco agora.

E se ao olhar sua realidade atual e perceber que ainda há desejos não realizados que realmente são importantes para você, vá atrás deles.

Provavelmente não são só sonhos.

São necessidades da Alma.

Acredite que o seu Eu de hoje tem muito mais capacidade de realizá-los do que o anterior.

Tente.

Você não vai perder nada.

No mínimo se tornará melhor por seguir os caminhos que a Alma pede.

62

Eu Sou o Fluxo contínuo da Criatividade Divina. Sou o Manancial de Sabedoria.

Estou em Total Contato e Sou a Manifestação de todas as facetas do Meu Eu Superior.

Eu Vivo minha Natureza Divina.

Eu sigo apenas o caminho do Melhor e vivo a Prosperidade e a Realização em todos os setores de minha vida.

Eu Aceito todas as minhas Qualidades Divinas.

Eu me dou o meu Melhor. Eu dou o meu Melhor para todas as coisas e pessoas. E eu recebo o Melhor em troca.

Vivo na Frequência do Divino. Vibro na mais Alta Ressonância.

Atraio pessoas e situações favoráveis e fáceis.

Eu Vivo na Plenitude Divina.

63

Flores:

Manifestação da Alegria Divina que enfeitam nossos lares e enchem nossa Almas.

A cada nova flor conhecida, vejo um sorriso da Felicidade Divina.

Sou preenchida por esta Felicidade Plena.

As flores me lembram a Existência do Divino em todos os momentos da Vida. É a escolha do Belo e do positivo.

Que novas flores apareçam em sua vida.

Que a Felicidade sorria para você.

Cultive um jardim de Bondade, Felicidade e Abundância em seu coração e em sua Vida.

Veja apenas o lado bom e belo da Vida.

Escolha viver na sintonia do Divino.

64

Há momentos em que o corpo físico demonstra cansaço e preguiça.

Nem sempre entendemos esta sensação. Principalmente quando temos diversos compromissos e sentimentos o cansaço atrapalhando a rotina.

Este cansaço físico pode ser resultado de uma mente extremamente ativa.

A mente que vive em um turbilhão de pensamentos e fluxos que geram algum tipo de preocupação, ativa reações grandes e pequenas no corpo físico.

Não raro, um pensamento causa retração nos músculos e, além de gastar nossa energia, bloqueia os campos energéticos.

Esta reação inconsciente, cria diversos bloqueios em nossos meridianos, o que interfere no fluxo contínuo de energia em todos os tipos de corpos.

Seguimos para o próximo pensamento sem perceber esta retração muscular e, continuamente, reagimos à novos pensamentos criando cada vez mais bloqueios no corpo energético.

A sensação de cansaço é um aviso de que precisamos parar e observar o que está se passando em nossos pensamentos. Onde está a sua energia? Onde você está preso? Estes pontos precisam de análise e liberação.

Não basta dormir, pois o sono nunca é reparador.

É preciso cair profundamente nos processos internos e acertar internamente o que gera e alimenta estes fluxos de pensamento.

Crie o hábito de olhar para sua mente e observar o que se passa. Esta análise gera a desidentificação e cria Consciência.

Vale a pena tentar.

65

Quanto mais você culpar o outro pelas suas frustrações, menor a chance de realmente acertar aquilo que lhe deixa infeliz.

Aceite a responsabilidade bela sua Felicidade.

Só Você pode Ser Feliz.

A Felicidade é um estado, uma definição, um sentimento que você aceita e determina em sua vida.

Se você se apegar as frustações, sempre será infeliz. Se responsabilizar o outro pela sua infelicidade, sempre estará estagnado na negatividade.

Em primeiro lugar, aceite aquilo que lhe faz triste. Aceite, acerte e modifique.

Depois tome de volta em suas mãos a determinação da sua vida e de seus sentimentos. Liberte-se e liberte o outro.

Então, a partir deste ponto, aceite ser merecedor da Felicidade. Aceite merecer o Melhor da Vida.

Olhe internamente quais são seus desejos mais profundos e corra atrás. Sempre se sentindo feliz por se conhecer e buscar algo que lhe preenche a Alma.

A Felicidade está no caminho. Não no resultado.

66

Se você está sofrendo alguma dor física ou emocional agradeça por seu Eu Interior estar lhe mostrando que há algo que precisa ser perdoado e curado.

O sofrimento não é inerente ao Ser. É fruto de pensamentos e emoções que estão acumulados nos seus corpos energéticos.

Esta energia não consegue fluir livremente e se manifesta como dor justamente para que Você olhe para seu interno e processe estas informações emocionais e deixe-se Curar.

Não custa nada. Basta ter Coragem e Amor Próprio.

Perdoe a si mesmo pela dor que se causou.

Perdoe o outro pelas dores.

Deixe a sua energia voltar a fluir livremente para que você possa se Sentir Bem novamente.

Manifeste a Saúde Integral.

67

Cada momento da Vida traz a dádiva do Crescimento.

Bons ou ruins, todos os acontecimentos são oportunidades para a percepção de emoções e pensamentos que criam situações, bloqueios e repetições.

Ao invés de viver sentimentos negativos, opte por observá-los e então se direcionar aos verdadeiros motivos para eles estarem em você.

É provável que você descubra algo muito maior ou diferente que realmente lhe incomoda.

Este evento presente nada mais é do que um estopim para aflorar emoções que estão guardadas no inconsciente e que são causadas por frustrações, pensamentos ou não realizações.

Use esta oportunidade para se conectar a Verdade Interior.

Quando você olhar, sentir e aceitar estas informações tão profundas, naturalmente sua Consciência lhe trará a resposta do que deve ser feito ou mudado.

Apenas acontece.

A não identificação com uma emoção permite que você saia da estagnação e resolva internamente sua relação com aquilo que vem acontecendo ou se repetindo.

Esta resolução trará a mudança da Sua Percepção e, consequentemente, suas atitudes.

Nada mais será como antes.

Algo foi resolvido.

É este seu novo Ser, criará novas formas de vida que não gerarão novos momentos ruins.

Você finalizou o processo de aprendizado pela dor.

Apenas tente e verá.

68

Não adianta fugir dos problemas. A causa está dentro de você.

Enquanto não tiver coragem de olhar em Seu Interior e buscar a Real causa, nada será resolvido.

Embora você tenha medo do que pode ver, certamente descobrirá que as causas Reais são sentimentos que foram guardados sem resolução, ou situações não definidas que você deixou para trás.

Quando fugimos da observação Interna, deixamos armazenadas inúmeras emoções e sensações que ainda nos afetam de forma inconsciente.

Em cada situação não resolvida, deixamos uma parte de nossa energia. Uma conexão com aquela experiência que vai se conectando aos demais fractais que partem nossa energia em inúmeros pedaços desconectados de nosso Ser.

Com o passar do tempo, estamos mais presos ao passado do que Conscientes no momento presente. Desta forma, perdemos a capacidade de controlar nossos pensamentos e emoções.

Podemos ter momentos de paz, mas no geral, vivemos turbilhões internos que nos trazem aperto no coração, nó no estômago, ansiedade e tristeza. Estas sensações são a somatização destas informações inconscientes.

Começamos a achar que há algo de errado. Mas o que acontece é apenas o corpo físico e mental demonstrando a falta de Conexão Interior.

De tempos em tempos, precisamos fazer uma busca interna para encontrar estes pedaços desconexos. E trabalhar a resolução do que ficou pendente. Por este motivo é tão necessário e eficaz usar ferramentas energéticas de cura e libertação.

Precisamos resolver e nos libertar das frustrações, desgostos, negativas, relações passadas, sentimentos ignorados.

É um processo de cura interior e Evolução.

É temos que ter paciência para passar por todo este caminho. Nada é resolvido de imediato. O imediato é a negação, não a transcendência. Esta acontece de forma gradual até estarmos prontos para o Salto Quântico.

Tudo tem começo, meio e fim. Aquilo que não levamos ao final, fica guardado inconscientemente. E tudo guardado, uma hora volta a superfície.

Encontre seu Interior.

69

Às vezes nos vemos no meio de tantos compromissos, medos e questões que não conseguimos decidir quais caminhos tomar ou quais são as resoluções para tantos problemas.

Podemos nos sentir cansados, desmotivados e até mesmo tristes.

São nestes momentos de impasse que precisamos parar e nos desligar de tudo que estamos fazendo. Vale deixar os compromissos de lado e darmos uma pequena pausa, deixando as cobranças interiores e nos dando um momento de prazer e relaxamento.

O desligamento temporário é necessário para que possamos dar mais tempo para as decisões. Elas devem ser tomadas quando estamos mais tranquilos e centrados na nossa energia.

Qualquer tipo de desconexão com a mente agitada e as emoções turbulentas pode ser a chave para que você se desconecte do externo e entre em contato consigo mesmo.

De volta ao seu Centro, naturalmente você poderá encontrar as respostas que são melhores para Você.

Quanto mais pensamos, maior a confusão e indecisão. Somente o Silêncio Interior traz a resposta da Alma e do Eu Superior.

E esta é a resposta que você procura.

Se você não consegue meditar, aprenda apenas a fechar os olhos e visualiza seu coração batendo. Comanda para que os batimentos sejam mais calmos e tranquilo.

Então sinta que todo seu Ser está entrando em um estado de tranquilidade.

Esta tranquilidade desconectar todos os processos mentais e emocionais. De volta ao Seu Centro, você naturalmente se abre para a conexão com Seus aspectos Melhores.

E eles trarão o que você precisa.

Seja você mesmo.

70

Quando tudo parece perdido só há um local onde você pode encontrar a solução.

Dentro de Si Mesmo.

Feche os olhos e Se Encontre.

Todas as respostas já existem Dentro de Você.

Você é totalmente capaz de encontrar as respostas, a direção certa e a forma de resolver qualquer problema. Para tanto, é apenas necessário que Acredite em seu Potencial e se Entregue ao seu Eu Interior.

Temos sombras e temos Luzes em nosso Ser. Podemos nos conectar aos dois polos. Basta apenas focar naquilo que realmente interessa.

A Luz Interior é repleta de Sabedoria.

Você adquiriu este potencial em todas as suas experiências.

Somente Você sabe o que é melhor para Si Mesmo.

Basta iluminar seu interior com esta Luz Divina.

71

O que fazer quando tudo lhe incomoda e você não tem paciência?

Em primeiro lugar, devemos nos recolher ao nosso interior para podermos entender o que está acontecendo.

Vale a pena respirar profundamente até sentir que às emoções admiradas começam a se acalmar.

Depois tente sentir quais são as emoções e pensamentos que estão trazendo o desequilíbrio.

Sinta no seu corpo físico, onde você está segurando estas emoções.

Mova o corpo para soltar estas emoções.

Continue a respirar e, se desejar, feche os olhos.

Imagine um Sol dourado no seu coração, o seu chacra cardíaco. Está é a conexão com o Seu Centro.

Deixe este Sol Interior emanar toda a Luz da Sua Consciência e limpar seu corpo físico, emocional e mental destas frequências negativas.

Limpe e coordene toda a Sua Energia. Volte a viver na Sua Luz Interior.

Quando você se sentir equilibrado e tranquilo, abra os olhos e olhe para Sua Vida com Amor e Paz.

Entenda que tudo que acontece tem apenas a intenção de nos mostrar algo para aprender ou transformar.

Tudo dará certo e se resolverá se você olhar o que acontece externamente de forma pacífica.

E, agora com uma nova energia, mude sua postura mediante ao ocorrido ou a vida no geral.

Pequenas mudanças trazem grandes transformações.

Vibre na Luz.

72

Só há dois caminhos, o "certo" ou o que lhe faz feliz.

Faça escolhas conscientes. Escolha seguir o que agrada a Alma. Só assim o resultado valerá a pena, pois o caminho terá sido aproveitado.

A verdadeira felicidade está no meio e não no fim da jornada.

Quem apenas busca resultado deixa a felicidade para ser aproveitada pelos descendentes.

Em escolhas conscientes, todos aproveitam.

Já é tempo de viver experiencias que agradem a sua Alma. Buscar a realização material a qualquer custo, pode trazer sentimentos negativos que gerarão doenças.

De que vale Ter sem poder aproveita?

E não se esqueça de que quando vivemos aquilo que a Alma precisa, naturalmente prosperamos materialmente.

A utilização de nossos dons naturais traz a facilidade em trabalhar que, consequentemente, traz a Prosperidade Natural.

Então entenda que os caminhos podem ser diferentes, mas a Realização será a mesma.

73

Nem tudo que reluz é consciência.

Há muitos pensamentos superficiais que são tomados por Sabedoria mas que, na verdade, são apenas palavras repetidas.

A verdadeira Sabedoria está na profundidade. É o conceito aplicado, entendido e transformado.

Não caia em falsos conceitos, nem seus e nem de outros.

Aprenda a levar o conhecimento para dentro de Você e deixá-la reverberar em suas células.

Tornar-se parte de você.

E depois transformar a Si mesmo e ao próprio conceito.

Isto é Sabedoria.

74

Força, Fé e Coragem.

Estes são os três alicerces básicos da Experiência Divina.

Para atingir um objetivo precisamos encontrar nossa Força Interior. É através da Própria Energia que manipulamos a Realidade a nosso favor.

Ter Fé em Si Mesmo e na Providência Divina garante a continuidade do processo, independente dos obstáculos internos ou externos.

Somente acreditando no Merecimento deixamos o fluxo da Vida criar o Melhor em cada situação.

E para viver uma Vida Plena, é preciso ter Coragem para enfrentar os medos internos e romper as barreiras se entregando ao Sonho da Alma de Viver algo que parece impossível.

Todas as Experiências Divinas são baseadas neste infinito potencial intrínseco em cada um de nós. Quando nos entregamos ao Espírito Imortal, permitimos Viver uma Vida cheia de Criatividade e Felicidade.

Para viver desta forma, é necessária a entrega total.

75

Às vezes você só precisa mudar uma Chave Interior para transformar toda a sua Vida.

E qual é esta Chave?

Certamente é uma percepção inconsciente sobre suas capacidades ou sobre a forma como cria as realizações.

Será que seus padrões de experiência são negativos? Dizem que a dificuldade é a forma como se atinge um objetivo?

E qual é a forma que você percebe que precisa olhar para Si Mesmo? Quando sofre?

Busque dentro de seu Coração qual é o seu padrão. Encontre e mude.

Ter a Consciência de algo é poder deixa-lo de lado. E em cada nova situação, seja Consciente. Determine o Caminho do Fácil. Diga para o Universo e para Si mesmo que, a partir de agora, tudo virá de forma rápida e sem dor.

Você pode transformar o padrão do Aprendizado pela dor em Aprendizado pelo Amor.

Ame a Si Mesmo por ter esta Consciência e vibre nesta nova frequência.

Se o que acontece no momento não é exatamente o que você esperava, busque aproveitar a experiência e entender o porquê de viver esta situação.

Tudo que acontece possui um fundamento, um aprendizado ou uma demonstração.

Se ao invés de brigar com a realidade, você aceitar o Presente e entender que há algo mais profundo e precioso dentro desta experiência, tudo se tornará mais leve.

Não lute e não se desespere.

Apenas se entregue.

Em todo momento há beleza.

E para enxergá-la, basta mudar o Foco.

Quando aceitamos a realidade, naturalmente ela se desenrola.

Muda.

E é neste período de mudança que você poderá transformar seu caminho.

Se algo está parado, imóvel, imutável, certamente há um presente de conhecimento e desenvolvimento escondido nas profundezas da situação.

Entre profundamente nos seus pensamentos e emoções para descobrir esta lição.

O que ainda não está resolvido?

Em que situação ou lugar do passado você ainda está preso?

Quais são os sentimentos que precisam ser curados?

Aceite todas estas verdades internas e trabalhe cada uma destas situações e emoções até sentir que nada mais ficou em sua energia.

Você precisa deixar o passado fluir. Ir embora.

Depois apenas se entregue e deixe fluir.

O fluxo da Vida vai lhe trazer a nova oportunidade.

77

Maturidade é aceitar que tudo que acontece tem uma razão Divina.

É aprender a viver todas as experiências sem passar por desequilíbrios.

É sentir as emoções e entender que são apenas emoções. Você não é a emoção. Apenas vive uma emoção.

E quando aceita o que sente, naturalmente escolhe não permanecer na instabilidade emocional.

Esta Consciência traz a capacidade de viver a vida com estabilidade. Tudo continua a acontecer, mas nada mais é desesperador ou infinito. Tudo tem princípio, meio e fim.

Aceitar que nossa vida não é pior ou mais complicada do que a de outros. Apenas são eventos. E todos vivem situações para aprender.

E então, nada mais tem teor negativo. Tudo apenas É. E vivemos o que acontece apenas observando. Analisando e aprendendo.

Depois a vivência chega ao fim. E dá espaço para o Novo. A Continuidade da Vida.

78

Como viver bem com outras pessoas? Como deixar de se importar com o que o outro faz ou fala?

Para podermos viver em paz com outras pessoas, precisamos aprender algumas fórmulas mágicas de relacionamento.

Em primeiro lugar, aprenda a colocar suas vontades e desejos a cima dos demais.

Você precisa seguir as suas vontades para se sentir bem na hora de seguir as vontades do outro.

Não é uma disputa. É a escolha do meio termo.

Mas para que você chegue a este ponto, precisa aprender a dizer o que sente e expor suas vontades.

Então aprenda a escutar o Outro. Fale e escute. Só assim vocês poderão Juntos, decidir qual é a melhor escolha no momento para que Ambos possam seguir.

Juntos. Em apoio mútuo.

A partir deste ponto, é preciso aprender a não levar tudo o que o outro diz para o pessoal. Ou seja, não se ofender e achar que tudo é dito para te agredir ou fazer mal. Às vezes é apenas a expressão dos sentimentos.

Não é para você. São os sentimentos dele.

E quando você aprender a não se sentir ofendido ou culpado por tudo que dá errado na vida do outro, chega a hora de aprender a não o culpar pelos problemas ou insucessos de sua vida.

Somos responsáveis por nossas escolhas. Somos nós que criamos nossos caminhos.

As duas pessoas são responsáveis por suas vidas. Entender isso traz uma enorme liberação emocional e remove o peso que atrapalha a relação.

E, por fim, entenda que cada um tem a sua própria vida. Vocês escolheram viver juntos. Mas cada um tem uma vida pessoal.

A relação faz parte da vida de vocês. É um setor de uma vida plena.

Se um dos dois olha a relação como sendo a única coisa que importa na vida, está na hora de buscar Prazer e Realização em outras situações.

Jogar a carga e a responsabilidade pela felicidade pessoal em uma relação é criar todas as probabilidades para que ela não dê certo.

Uma relação é algo que completa uma vida cheia de setores importantes e pessoais.

Para vivermos bem, precisamos ter acontecimentos e situações particulares para que a relação não seja o foco ou a válvula de escape dos sentimentos negativos.

Viva todos os setores de sua vida e aprenda a deixar os acontecimentos e, principalmente, todas as emoções referentes no setor.

Não misture as emoções.

Separe o que é de cada situação para aquela situação.

Viva o amor na Plenitude.

Não confunda e não sufoque.

79

Por que é tão difícil ter prosperidade?

Na verdade, não é. Quando alguém não consegue fluir na matéria ou passa por experiencias de escassez, há fatores inconscientes que bloqueiam a manifestação desta energia natural.

Nossa sociedade vive há séculos com a mentalidade da falta, da restrição. Inúmeros setores e sociedades utilizam a falta de recursos para manipular as grandes massas.

Esta limitação está no inconsciente coletivo. E suas próprias informações inconscientes lhe deixam conectado a esta força de retração da prosperidade.

Liberte-se das suas impressões negativas com relação ao dinheiro. Pense em tê-lo abundante em sua vida e veja quais são os pensamentos que passam em sua mente.

Como você se vê sendo prospero? E o que o dinheiro pode trazer de negativo para você?

Então pense nas inúmeras situações de sua infância e adolescência. Como seus pais lidavam com o dinheiro? Como foram as situações na sua casa?

E o que seus pais pensam sobre dinheiro, pessoas com dinheiro e sobre a sua profissão?

E então reflita sobre o que seus pais pensam sobre suas capacidades de prosperar. Será que você também pensa desta forma?

Por último, analise como você se sente com relação ao dinheiro. Sua relação é abundante ou escassa?

E o que você pensa sobre sua escolha profissional? De verdade.

E o que pensa sobre a sua capacidade de ser prospero?

Agora pegue todas estas novas percepções e trabalhe todos os dias. Mude todas as formas como lida com a prosperidade e o dinheiro.

Crie novas frases, novas emoções e novas percepções sobre sua vida.

Aprenda a se sentir bem quando pensa em dinheiro. Deixe que apenas emoções positivas e expansivas tomem conta de Seu Ser.

Usando a autorreflexão e a mudança de padrões, você vai transformar a manifestação da energia de Prosperidade em sua Vida.

80

A verdadeira espiritualidade está em viver a vida totalmente presente em cada evento.

Seja fácil ou difícil, tudo acontece para desenvolver nossa Consciência.

E ter Consciência significa estar totalmente conectado aos acontecimentos e lidar com tudo que se apresenta sem se perder em pensamentos ou emoções.

Sempre estar Presente. Viver no Presente.

Tudo que já aconteceu não existe mais. Você apenas está conectado ao passado por não ter permitido que a experiencia acabasse de verdade.

Algo não ficou resolvido. Pode ser raiva, frustração, dor, tristeza, indignação ou até o Ego.

Algo não aceitou o fim.

Para se desenvolver totalmente, você precisa curar e se libertar do passado. É necessário o fim para que você traga a sua Energia para o Presente por completo.

E viver na expectativa e projeções do futuro também não é Consciência. Uma pessoa só vive no futuro se não está satisfeita com seu Agora.

Viva o momento Presente e aceite tudo que acontece. Aceite. Entenda e mude o que não está bom.

Não espere a Realização e a Felicidade amanhã. No futuro.

Ela só vai acontecer de verdade se for vivida Agora. No hoje.

Se você acha que só vai ser feliz se atingir um determinado objetivo, está fadado a viver a vida em frustração. A verdade é que você nunca se sentirá satisfeito com o Presente e sempre vai achar que será feliz quando atingir outro objetivo.

Crie situações que lhe tragam Felicidade e Prazer Agora. É neste momento que você pode ser Feliz.

Aprendendo a ser flexível e ter ações para criar um estado positivo no momento Presente, você vai transformar sua forma de ver e lidar com a vida.

É neste ponto que terá prazer em viver no Agora. E desta sensação vai começar a manter-se Forte, totalmente presente em energia no momento atual.

Esta Presença é Divina. Desperta a sua Consciência e todo seu Potencial. Estando apenas em um momento, um local da linha do tempo da vida, você será um Ser Completo. Espiritual.

81

Por que há pessoas que são mais apegadas aos animais do que a outros seres humanos?

Os animais são a Pura Manifestação do Amor Incondicional. Eles amam seus donos com todos os defeitos e qualidades.

Apenas querem a Sua Presença. O Seu Amor.

E por que as pessoas não são iguais?

Porque usam a mente para lidar com as emoções. Ao invés de se Entregar ao sentimento, racionalizam a relação, o outro e a si mesmo.

Buscam felicidade em todos os momentos e exigem que seja definido um futuro que sempre será incerto.

Esta busca pelo que satisfaz no Outro cria problemas nas relações. Ao invés de viver o presente e apenas os momentos em que se está junto, vivem nas expectativas do amanhã.

Desta forma, nada vai trazer satisfação. O outro não tem chance de fazer o que é certo, pois este certo vai ser inconstante. Mudando na medida em que seu parceiro se sente frustrado consigo mesmo e com a vida.

O amor deve ser leve. Fluido. Vivido.

Não exigido ou comprometido. Apenas vivido.

E outra base fundamental na relação com os animais é o perdão.

Eles perdoam nossas ações explosivas ou egoístas e nós perdoamos seus erros.

Por que não fazer o mesmo com seu companheiro? Por que é tão difícil aceitar um erro, principalmente quando a outra pessoa se mostra arrependido?

O perdão faz parte do crescimento. O arrependimento também.

Se na relação vivemos uma situação problemática, sofrida, mas, no final, ambos demostram que ainda querem ficar juntos, por que não podem simplesmente se acertar?

Se a separação dói, por que não permitir que a dor da traição ou da magoa seja curada?

Afinal, tudo parece que será dor.

Então escolha pelo Amor. Escolha pelo Perdão.

Esta mudança vai trazer uma renovação ao compromisso da relação.

82

Quando o Amor acontece, tudo muda de forma.

O sentido da vida se transforma e nossa realidade se abre para cores e formas que antes eram imperceptíveis aos olhos de quem está em dormência.

E o Amor pode acontecer de varias formas. Pode ser direcionado a outra pessoa, ou a nós mesmos.

É interessante o quanto parece mais fácil amar outra pessoa.

Ela é perfeita.

Você não é.

Mas será que isto é verdade?

Não.

Somos perfeitos em nossa forma. Seu corpo é um ponto único no Universo. Sua Alma é exclusiva e rica em experiencias que só você viveu.

E quando você olhar para Si Mesmo, com o mesmo olhar que dá ao outro, vai descobrir que o Amor pode e vai fluir em todos os momentos de sua Vida.

Amar a Si Mesmo é Divino.

Somos a Pura Manifestação do Divino. Cada um com suas qualidades e formas únicas e perfeitas.

Se você conseguir olhar-se por este prisma, vai transformar sua vida em um mundo colorido e rico em vivências e experiências plenas.

Tudo vai acontecer de uma forma magica e perfeita.

Quem se ama vive no Fluxo do Melhor.

Quem se ama tem uma vida repleta de Contentamento e Abundância.

Quem sabe a chave que você precisa mudar para transformar a sua vida seja Amar-se?

Por que não tenta a partir de Agora?

Olhe para Si mesmo com carinho, respeito, positividade e amor.

Vamos ver o que vai mudar depois desta nova visão.

83

Criar algo inovador é viver a Plenitude da Alma.

Cada um tem algo único e exclusivo trazer para este mundo.

Você tem algo único que pode mudar a Vida do Planeta.

E esta qualidade pode ser de qualquer tipo de energia, situação ou consciência.

É seu Dever descobrir qual é esta qualidade pessoal e o que deve Manifestar nesta Vida.

E você só vai conseguir identifica-la se mudar a forma como Olha para Si Mesmo.

Já é tempo de observar quais são suas verdadeiras qualidades. Você tem várias. Basta olhar sem julgamento.

Ao encontrar Sua Melhor Face, vai entender como usá-la para trazer a Beleza e Felicidade ao Mundo.

Qualquer que seja esta criação exclusiva, vai mudar a ressonância planetária.

Mesmo que seja uma mudança em seu Interior, ou em uma relação pessoal, esta transformação vai reverberar para que todos passem pela mesma mudança.

Quando encontramos nossos Dons Divinos e usamo-los para melhorar nossa Vida e nossa Alma, entramos em sintonia com todos os processos de Cura e Transformação planetários.

É como se todos os seres de Luz sorrissem para nossa vivência e, automaticamente, abençoasse nossa Vida.

Esta conexão com os Padrões de Evolução modifica nossas frequências pessoais.

E desta nova energia, tudo vira Prosperidade. Luz. Amor. Felicidade.

É através do encontro interior que mudamos tudo.

84

É possível ser feliz no amor sem encontrar a Alma Gêmea?

Sim. Podemos viver a Plenitude no Amor em qualquer relação.

A ideia de encontrar a pessoa certa pode gerar dúvidas em toda relação o que acaba não permitindo que vivamos os sentimentos e sensações por inteiro.

Afinal, como saber quem é sua Alma Gêmea?

Este conceito é muito amplo para que exista uma fórmula que define quem será o outro.

A vivência de uma relação entre Almas Gêmeas pode ser simples e leve ou complicada e desafiadora.

Depende muito do tipo de experiencias que as pessoas precisam para Evoluir.

Outro ponto importante é o tipo de experiencias que estas almas tiveram no passado.

A grande maioria das pessoas carrega traumas e medos que não as deixa se entregar ao Amor.

Medos. Rejeição. Baixa estima. Tudo pode atrapalhar.

O ideal é se entregar a qualquer relação amorosa por inteiro. Não importa se esta é ou não sua Alma Gêmea.

Viva o Amor.

Viva todas as experiências que vocês precisam passar juntos.

Quando nos abrimos para o amor, passamos por inúmeras curas profundas. E estas curas vão permitir que você encontre a pessoa certa.

Somente quando você estiver preparado para viver o resto de sua vida com uma única pessoa é que vai estar apto a viver este amor.

Então permita-se aprender a Se Entregar. Ser sincero. Fiel e a perdoar.

Por mais próxima seja a conexão entre duas pessoas, todos comentem erros e podem gerar magoas.

Somente aprendendo a compreender o outro e persistir na relação é que você estará preparado para viver um amor eterno.

85

Você não precisa da energia dos outros para conquistar suas Realizações Pessoais.

Também não precisa da ajuda de ninguém.

Esperar a aprovação e reconhecimento não vai lhe ajudara no caminho.

Tudo que você conquistar em sua Vida deve e será alcançado apenas por Você.

Qualquer situação que venha como resultado de algo que foi dado ou feito por outra pessoa não vai lhe trazer a Satisfação necessária para que se sinta realmente Realizado.

Este sentimento da Alma só vai aflorar quando você se encontrar com todos os seus potenciais e direcioná-los para atingir seus objetivos.

Descobrir-se Independente e Capaz de fazer qualquer coisa é o maior presente que podemos nos dar.

É a verdadeira Liberação da Alma, pois, através desta transformação, entramos em contato com todos os nossos Potenciais Divinos.

E deste contato nos tornamos sem limites, sem bloqueios.

Somos totalmente capazes de manifestar aquilo que desejamos e tudo que precisamos fazer nesta vida.

Então um dos primeiros passos do Desenvolvimento Pessoal é tornar-se Livre dos Conceitos limitantes, impostos pela coletividade ou auto impostos.

Depois de soltar todos estes bloqueios, precisamos entrar em profunda Conexão com nosso Ser Interior para que possamos nos conhecer verdadeiramente e Reconhecer todos os nossos Potenciais Internos.

Assim que este encontro acontece, nossa Força aflora rompendo todos os obstáculos externos e direcionando nossas escolhas e caminhos através de um manancial de experiências favoráveis.

Podemos criar a Prosperidade em todos os setores e situações de nossa vida.

Esta mudança trará uma verdadeira revolta nos acontecimentos e, em pouco tempo, sua Vida será Repleta de Realizações.

Basta dar o primeiro passo rumo a Mudança.

86

Não generalize a vida ou as pessoas baseando seus conceitos em situações do passado.

Mesmo que todas as suas experiências tenham sido parecidas, basta mudar seus paradigmas para criar uma Nova Realidade.

Se tudo que acontece é negativo, você precisa observar sua Mente. Quais são os tipos de pensamentos que se passam durante o dia?

Observe se você tem a tendência a enxergar o lado negativo das situações.

E verifique quais são os tipos de pensamentos que tem sobre Si Mesmo.

O fluxo de pensamentos conscientes e inconscientes determina o tipo de experiências de nossa vida. Se a frequência é negativa, tendemos a escolher os caminhos problemáticos e com final negativo.

É um padrão inconsciente.

Aproveite este momento de autoanalise e observe como você enxerga a vida em geral.

Todos os caminhos são difíceis?

É quase improvável conseguir atingir um objetivo?

E o que você realmente pensa sobre mudanças?

Estes são os paradigmas que determinam escolhas problemáticas. Criação de situações difíceis e impossibilidade de mudança para melhor.

Não basta apenas ler ou estudar sobre Transformações e Prosperidade.

É necessário observar os limitadores internos e ter a coragem de mudá-los também.

Esta mudança é mais importante do que você imagina, pois é ela quem vai lhe dar a chance de Criar uma Nova Vida.

Somente mudando o padrão interior é que você poderá transformar a Vida Externa.

Este é o Verdadeiro Caminho.

87

Você sabia que a Vida pode ser vivida sem qualquer tipo de luta?

Basta escolher viver todas as situações, mudanças e aprendizados de uma forma pacifica.

Isto significa decidir não lutar contra o que acontece. Apenas aceitar a Realidade e definir a sua mudança.

Para aprender a não lutar com os acontecimentos, precisamos aprender a não valorizar excessivamente o que acontece.

Basta aprender a não julgar entre certo e errado; bom ou ruim; negativo ou positivo.

Estas qualificações apenas criam emoções negativas que geram sistemas de auto proteção e auto defesa.

Você não precisa se proteger.

Assim como não deve se comparar.

Apenas viver. Aceitar o que acontece. E definir que não vai mais passar por esta situação.

Sempre se sentindo tranquilo. Sabendo que nada é eterno e que nenhum problema é insolúvel.

Tudo tem começo, meio e fim. Mesmo as situações mais adversas.

Todos os problemas trazem em si a resposta da resolução. Se você não conseguiu enxergá-la é por que não teve estabilidade ou tranquilidade para olhar profundamente.

Quando não estamos em distúrbios emocionais ou mentais, conseguimos ter Consciência de todas as informações contidas.

São nestas informações, muitas vezes subjetivas, que estão as definições do que deve ser feito para resolver a situação.

Você só vai enxergá-las se tiver tranquilidade.

Aprenda a respirar profundamente antes de olhar novamente para o que está acontecendo.

Busque encontrar seu Eu Interior para que a Paz e a Sabedoria contidas na sua Essência aflorem e te levem a observação profunda.

88

Seja Leal a Você.

Sempre siga o caminho que seu Eu Interior diz ser o Certo. Mesmo que seja o oposto do que todos dizem que você deve fazer.

A verdadeira resposta sempre está em nosso Interior.

E quando não fazemos o que nossa Alma deseja, sempre criamos situações que nos trazem algum tipo de problema ou sentimentos negativos.

Todas as doenças são iniciadas no controle de nossas vontades internas.

Em cada momento que não fazemos o que desejamos, armazenamos sentimentos não resolvidos em nosso campo energético.

Estas energias não conseguem fluir normalmente. Ficam acumuladas em pontos distintos do corpo, criando problemas em nosso sistema físico.

E a cada nova escolha feita contra a vontade Interior, armazenamos novas energias não fluídas nestes mesmos locais.

Com o passar dos anos, nossos órgãos acabam sendo atrofiados por estas energias fixas.

Entenda que mais do que realizar as vontades, seguir nossos verdadeiros desejos significa cuidar de nossa saúde.

A saúde física, mental e emocional.

Viver Plenamente significa seguir as vontades de Nosso Ser Divino que se manifesta nas pequenas escolhas diárias.

Permita-se viver uma vontade por dia. Pelo menos uma. Com o passar do tempo, você vai aprender a viver todas as suas vontades de uma forma natural e sem conflitos externos.

Quem vive em seu Melhor, vive uma vida sem conflitos.

89

A maior dadiva da vida é receber um sorriso sincero.

Sorrir significa que a situação vivida entre duas pessoas trouxe Alegria. Felicidade.

E não há maior presente do que dar ou receber a Felicidade.

Então aprenda a se divertir com o que acontece no dia-a-dia. Pare de ver as coisas como problemas ou situações negativas.

Sorria do que deu errado.

Sorria do que acontece.

Apenas sorria e se permita Ser Feliz.

Desta forma, tudo vai ser Leve em sua vida.

Aceite que mesmo as situações mais difíceis podem ter aspectos de alegria.

O fim de uma dor e sofrimento é sempre melhor do que continuar vivendo o mesmo.

Terminar uma relação que causa angustia e dor também traz a Alegria da Liberdade de poder viver uma nova situação.

Aprenda a ver o lado positivo em tudo.

90

Você é uma eterna criança capaz de aprender a todos os momentos.

Não pense que já é tarde para aprender algo novo. E não aceite que já deixou a vida passar.

Isto é mentira.

Nossa vida é eterna.

Somos seres imortais. Vivendo experiências infinitas.

Temos todo o tempo do mundo.

E temos uma infinidade de coisas a aprender.

Basta apenas se abrir e permitir que o Multiverso traga todos os novos conhecimentos através de todas as experiências possíveis.

Podemos continuar aprendendo e nos transformando eternamente.

Esta é a Beleza da Vida.

Esta é a Beleza da Alma Imortal.

A cada novo dia podemos nos tornar seres melhores. A forma como observamos o que acontece nos traz a capacidade de escolher novos caminhos, novas reações que geram a transformação em nosso Ser.

Ao aceitarmos que a vida é um manancial de oportunidades, entendemos que tudo que acontece pode ser de extrema valia para nosso desenvolvimento pessoal. Cada pessoa passa pelas situações importantes para se desenvolver. Sempre estamos sendo conduzidos ao melhor. A diferença é que quando estamos abertos a mudança, deixamos nosso Eu Superior guiar nossos caminhos e escolhas.

Se você escolhe ler mensagens que lhe fazem pensar na vida, escolhe a possibilidade da mudança. E esta mudança pode trazer todos os seus potenciais divinos como forma de direção da vida. Só você é responsável por sua vida. Seja atento e consciente a tudo que coloca em sua mente e sua energia.

Estes textos são apenas fragmentos de Consciência que podem ativar toda a Luz do seu Ser. Você tem a Sabedoria dentro de Si mesmo. Todos temos.

Espero que sua Vida seja Divina a partir de agora. Você merece o Melhor de todo o Multiverso.

Com amor.

Considerações Finais:

A Evolução do Ser é um processo com inúmeras vertentes. Podemos seguir por um ou mais caminhos para atingir nossa Ascensão.

Quem escolhe o caminho é Você, pois, depois que deixar este corpo terrestre, apenas você vai continuar. Tudo que acontece hoje é passageiro. As situações. As pessoas. Os problemas. Tudo. O que ficará são os aprendizados que teve.

E quando você olha a vida por este prisma, compreende que por mais complexo que seja o momento presente, tudo vai passar e se resolver. Nossa Alma já enfrentou milhares de situações até mesmo piores e sempre continua aqui. Viva.

Então aprenda a olhar para a vida com mais Amor e Sabedoria. Seja menos exigente. Aceite viver tudo que acontece por inteiro e tire proveito de tudo que possa melhorar sua Essência.

Olhe para Si Mesmo com menos crítica. Veja suas qualidades mais profundas e escondidas por traz de toda a bagunça mental. Você não é a sua mente. É algo mais profundo e eterno.

Descubra o caminho do coração e conecte-se com a sua Essência. Todos os sentimentos mais puros e completos estão guardados no fundo da sua Alma. Basta sair dos ciclos de desequilíbrio emocional e encontrar este Centro. O seu Centro.

Imagine que a cada novo instante, sua energia se transforma. A cada pensamento. A cada emoção. Tudo muda.

Então no caminhar destas mudanças, as situações vão se acertar. Basta confiar.

E esta confiança deve ser não só na vida, mas em você também. Pois você tem a capacidade de se reinventar e criar uma nova vida a todo instante. São os fluxos contínuos da vida.

Vale a pena mudar a forma como lida com o que acontece. Da mesma maneira, vale se olhar de uma forma diferente.

Deixe que sua Evolução aconteça através do pensamento, análise e encontro.

Tudo pode e vai seguir para o Caminho do Melhor.

Você merece esta Nova Vida.

Namastê.

Imagem da capa do Livro – fotógrafo Stux

https://pixabay.com/photos/butterfly-exotic-south-america-176133/